¡Así se dice!

Workbook and Audio Activities

SPANISH 3

Conrad J. Schmitt

Bothell, WA • Chicago, IL • Columbus, OH • New York, NY

mheonline.com/prek-12

Send all inquiries to:
McGraw-Hill Education
8787 Orion Place
Columbus, OH 43240

ISBN: 978-0-07-666851-9
MHID: 0-07-666851-7

Printed in the United States of America.

6 7 8 9 10 QTN 21 20 19 18 17

Contenido

REPASO

Nombre ______________________ Fecha ______________________

En casa y en clase

Vocabulario

A Escribe una lista de los cuartos de una casa.

B Escribe una descripción corta de una casa.

C Escribe una lista de cosas que haces en la escuela.

D Escribe una lista de cosas que haces después de las clases.

E Corrige las frases falsas.

1. Los alumnos enseñan y los profesores aprenden.

2. Los alumnos que estudian mucho sacan (reciben) notas malas.

3. Hablamos inglés en la clase de español.

4. Vamos a la escuela por la tarde y regresamos a casa por la mañana.

____

5. Ellos preparan la comida en la sala y ven la televisión en la cocina.

____

6. Una alumna levanta la mano cuando el profesor contesta la pregunta.

____

7. Los alumnos que viven lejos de la escuela van a la escuela a pie.

____

8. Los alumnos van al café antes de las clases.

____

F Usa cada expresión en una frase original.

1. antes de

____

2. durante

____

3. después de

____

G Haz una pregunta.

1. La alumna levanta *la mano.*

____

2. *La alumna* levanta la mano.

____

3. La alumna levanta la mano *cuando tiene una pregunta.*

____

4. La alumna levanta la mano *porque tiene una pregunta.*

____

5. *José y su hermano* ponen la mesa.

____

6. Ponen la mesa *en el comedor.*

____

Nombre ______________________ Fecha ______________________

7. José va *a la cocina.*

____

8. En la cocina busca *una cuchara.*

____

H Escribe cinco preguntas sobre la frase más abajo. Usa palabras interrogativas.

Las muchachas salen de casa por la mañana y van a la escuela a pie.

1. ______________________

2. ______________________

3. ______________________

4. ______________________

5. ______________________

Nombre ______________________ Fecha ______________________

Gramática

Presente de los verbos regulares e irregulares

A Completa con la forma apropiada del verbo.

1. Tú ______________ mucho en clase y ______________ mucho. (hablar, aprender)
2. Ellos no ______________ café y no ______________ pescado. (beber, comer)
3. En la clase de español nosotros ______________, ______________, ______________ y ______________ mucho. (escuchar, hablar, leer, escribir)
4. Yo ______________ en la ciudad pero mis abuelos ______________ en las afueras. (vivir, vivir)
5. Los alumnos ______________ sus materiales escolares en su mochila cuando ______________ a la escuela. (poner, ir)
6. José y yo ______________ a la misma escuela pero él ______________ a la escuela a pie y yo ______________ el bus escolar. (asistir, ir, tomar)

B Cambia a la forma de **yo.**

1. Vamos ahora.
____
2. Estamos bien.
____
3. Somos alumnos.
____
4. Conocemos a José.
____
5. Sabemos la respuesta.
____
6. Salimos ahora.
____
7. No hacemos nada.
____
8. Conducimos el carro.
____

Nombre ______________________ **Fecha** ______________________

C Forma frases.

1. yo / ir / escuela / con / amigos
   ____
2. amigos / y yo / asistir / mismo / escuela
   ____
3. yo / estudiar / español / y / hermano / estudiar / francés
   ____
4. cursos / ser / interesantes
   ____
5. yo / recibir / y / enviar / mucho / correos electrónicos
   ____

D Completa las tablas.

	hablar	**leer**	**asistir**
yo	________	________	________
nosotros	________	leemos	________
tú	hablas	________	________
ustedes	________	________	asisten
él	________	lee	________
ellas	hablan	________	________

	hacer	**conocer**	**ser**
yo	________	________	________
nosotros	hacemos	________	________
tú	________	conoces	________
ustedes	hacen	________	________
ella	________	conoce	________
ellos	________	________	son

Nombre ______________________ Fecha ______________________

Integración

¡A escribir más!

A En un párrafo, describe un día en la escuela.

B En un párrafo, habla de lo que haces después de las clases.

C En un párrafo, habla de tu casa y de lo que haces en casa.

Nombre ______________________ **Fecha** ______________________

D En un párrafo, describe todo lo que haces con tu computadora. Si quieres, puedes incluir tu móvil también.

____

____

____

____

____

____

____

____

Nombre ______________________ Fecha ______________________

Deportes y rutinas

Vocabulario

A Escribe cinco palabras o expresiones sobre el fútbol.

1. ______________________
2. ______________________
3. ______________________
4. ______________________
5. ______________________

B Escribe cinco palabras o expresiones sobre el béisbol.

1. ______________________
2. ______________________
3. ______________________
4. ______________________
5. ______________________

C Escribe cinco palabras o expresiones sobre el básquetbol.

1. ______________________
2. ______________________
3. ______________________
4. ______________________
5. ______________________

D Escoge uno de los equipos deportivos de tu escuela. Describe al equipo.

____

____

____

____

____

Nombre ______________________ **Fecha** ______________________

E Parea los contrarios.

1. ______ temprano
2. ______ por debajo de
3. ______ empezar
4. ______ dobles
5. ______ acostarse
6. ______ el jugador
7. ______ despertarse

a. levantarse
b. tarde
c. el espectador
d. terminar
e. dormirse
f. por encima de
g. individuales

F Parea.

1. ______ cepillarse
2. ______ lavarse
3. ______ vestirse
4. ______ despertarse
5. ______ levantarse
6. ______ acostarse
7. ______ sentarse

a. temprano por la mañana
b. después de un día largo
c. los dientes
d. enseguida
e. la cara
f. a la mesa
g. para la escuela

G Prepara un juego. Escribe ocho frases sobre los deportes. Unas frases pueden ser falsas y otras verdaderas. Luego cambia tu juego con el de un(a) compañero(a). A ver quién sale mejor en identificar las frases falsas.

1. ______________________________
2. ______________________________
3. ______________________________
4. ______________________________
5. ______________________________
6. ______________________________
7. ______________________________
8. ______________________________

Nombre ______________________ Fecha ______________________

Gramática

Presente de los verbos de cambio radical

A Completa.

1. Many verbs in the present tense that have the vowel _____ in the stem of the infinitive change the _____ to _____ in all conjugated forms except with the subject _____________.
2. Likewise, many verbs in the present tense that have the vowel _____ in the stem of the infinitive change the _____ to _____ in all conjugated forms except with the subject _____________.

B Cambia a **nosotros.**

1. Empiezo ahora.
____
2. Nunca pierdo.
____
3. No quiero.
____
4. Lo siento.
____
5. Lo prefiero.
____
6. Vuelvo enseguida.
____
7. No puedo ahora.
____
8. No duermo bastante.
____

C Completa con la forma apropiada del verbo.

1. Ella ______________ ahora y nosotros ______________ mañana. (comenzar)
2. Yo ______________ ir y tú ______________ ir también. (querer)
3. Ellos lo ______________ así pero tú lo ______________ de otra manera. (preferir)
4. Tú lo ______________ pero ellos no lo ______________. (devolver)
5. Nosotros ______________ pero ustedes no ______________. (poder)
6. ¿Por qué no ______________ (tú) si yo ______________? (jugar)

Nombre ______________________ Fecha ______________________

Verbos reflexivos

D Contesta.

1. ¿A qué hora te despiertas?

____

2. ¿A qué hora te levantas?

____

3. ¿Cuándo te lavas las manos?

____

4. ¿Cuándo te sientas a la mesa en el comedor?

____

5. ¿Cuándo te cepillas los dientes?

____

6. ¿A qué hora te acuestas?

____

E Cambia a **nosotros.**

1. Me despierto.

____

2. Me siento.

____

3. Me acuesto.

____

4. Me duermo enseguida.

____

F Completa con la palabra apropiada.

1. Yo me lavo ____________ cara y ____________ manos.
2. Ellos se ponen ____________ suéter.
3. Ella se cepilla ____________ dientes.
4. ¿Te lavas ____________ pelo todos los días?

Nombre ______________________ Fecha ______________________

G Completa.

1. Yo voy a levantarme y él también ______________________.
2. Ellos van a acostarse y tú también ______________________.
3. Ustedes van a sentarse aquí y yo ______________________ allí.
4. Voy a lavarme las manos y tú también ______________________ las manos.

H Completa la tabla.

	querer	**volver**	**acostarse**	**sentarse**
nosotros	________	________	________	________
yo	________	________	me acuesto	________
tú	quieres	________	________	________
él	________	________	________	se sienta
ellos	________	________	________	________
ustedes	________	vuelven	________	________

Nombre ______________________ Fecha ______________________

Integración

¡A escribir más!

A En un párrafo, describe un buen partido de fútbol.

B En un párrafo, describe uno o dos equipos de tu escuela.

C En un párrafo, describe un día en la vida de un(a) amigo(a).

D En un párrafo, describe un día típico en tu vida.

Nombre ________________ Fecha ________________

Vacaciones

Vocabulario

A Categoriza las palabras.

	avión	tren	ambos
1. la pista	☐	☐	☐
2. la vía	☐	☐	☐
3. el andén	☐	☐	☐
4. la puerta de salida	☐	☐	☐
5. la tarjeta de embarque	☐	☐	☐
6. el boleto	☐	☐	☐
7. la pantalla de llegadas y salidas	☐	☐	☐
8. la ventanilla	☐	☐	☐
9. el revisor	☐	☐	☐
10. el asistente de vuelo	☐	☐	☐

B Prepara una lista de cosas que debes tener cuando vas a la playa.

____

____

____

C Prepara una lista de cosas que debes llevar a una estación de esquí.

____

____

____

D Completa con una palabra apropiada.

1. Juan y sus amigos hicieron un ________________ a Puerto Rico.
2. Pasaron unos días en la ________________ donde nadaron en el ________________ y ________________ en el agua.
3. Ellos se sentaron en la ________________ y tomaron el sol.
4. Ellos nadaron también en la ________________ del hotel.
5. Para ________________ en el agua es necesario tener esquís ________________.

Nombre ______________________ Fecha ______________________

E Escoge para completar cada frase.

1. Hay (pistas, picos) para los principiantes y para los expertos.
2. Los esquiadores llevan (zapatos, botas).
3. El esquí es un deporte de (invierno, verano).
4. Cuando bajan la pista los esquiadores usan (bastones, balones).
5. Ellos subieron la montaña en (el telesilla, el sillón).

F Da otra palabra que significa la misma cosa.

1. la alberca ______________________
2. el bañador ______________________
3. la ventanilla ______________________
4. la estación de tren ______________________
5. el boleto ______________________
6. las gafas ______________________
7. una crema ______________________
8. el pasabordo ______________________

Nombre ______________________ Fecha ______________________

Gramática

Pretérito de los verbos regulares

A Completa con la terminación apropiada para el pretérito.

1. Yo lo mir__________.
2. Ellos esqui__________ conmigo.
3. Nosotros sub__________ en el telesilla y baj__________ la pista para principiantes.
4. ¿Com__________ (tú) algo después de esquiar?
5. ¿A qué hora volv__________ ustedes a casa?
6. ¿Tom__________ ustedes el tren o el bus?
7. Yo volv__________ en tren pero Carlos tom__________ el bus porque va más cerca de su casa.

B Forma frases originales en el pretérito.

1. yo / ver
____
2. yo / hablar
____
3. ella / subir
____
4. él / bajar
____
5. nosotros / salir
____
6. nosotros / regresar
____
7. tú / comprender
____
8. tú / escuchar
____
9. ellos / volver
____
10. ellos / llegar
____

Nombre ______________________ Fecha ______________________

C Escribe con el sujeto nuevo.

1. Él llegó. Yo ______________________.
2. Yo jugué. Ella ______________________.
3. Yo empecé. Él ______________________.
4. Yo lo leí. Ella lo ______________________.

Pretérito de los verbos irregulares

D Completa con el pretérito.

1. Yo lo ______________________ pero no lo ______________________ él. (hacer)
2. Nosotros ______________________ pero ellos no ______________________. (venir)
3. Tú lo ______________________ pero nadie más lo ______________________. (saber)
4. Ellos ______________________ por el parque y nosotros ______________________ por el centro comercial. (andar)
5. Él ______________________ el suyo en su maleta y yo ______________________ el mío en mi mochila. (poner)
6. Ellos ______________________ y tú no ______________________; ¿por qué? (estar)

E Cambia al plural.

1. Ella lo dijo.

   ____
2. Él no lo tradujo.

   ____
3. El muchacho lo leyó.

   ____
4. El ingeniero lo construyó.

   ____

Nombre ______________________ Fecha ______________________

F Cambia al pretérito.

1. Es él.

   ____

2. Yo voy también.

   ____

3. ¿Van juntos?

   ____

4. Es presidente.

   ____

5. Vamos a la estación de esquí.

   ____

Nombre ______________________ Fecha ______________________

Integración

¡A escribir más!

A En un párrafo, describe un día en la playa.

____

____

____

____

____

B En un párrafo, describe un día en una estación de esquí.

____

____

____

____

____

C En un párrafo, describe un viaje en tren.

____

____

____

____

____

D En un párrafo, describe un viaje en avión.

____

____

____

____

____

Nombre ______________________ Fecha ______________________

REPASO D

De compras y fiestas

Vocabulario

A Expresa de otra manera.

1. Ella siempre iba al *camposanto.*

   ____

2. La fiesta era en honor de sus parientes *muertos.*

   ____

3. Muchos llevaban *máscaras.*

   ____

4. En el mercado iban de un *tenderete* a otro.

   ____

5. Ellos comían *bizcochos.*

   ____

B Escribe tantos vegetales posibles.

____

____

____

C Escribe tantas frutas posibles.

____

____

____

Nombre ______________________ Fecha ______________________

D Completa con una palabra apropiada.

1. Hay muchas ______________ en un centro comercial.
2. El muchacho lleva una ______________ y la muchacha lleva una blusa.
3. El muchacho lleva ______________, no una falda.
4. José se pone una camisa. Pero no le ______________ bien. Es demasiado grande. Él necesita una ______________ más pequeña.
5. Los ______________ son un tipo de zapato. ¿Sabes qué ______________ calzas?

E Escribe tantas prendas de vestir (artículos de ropa) posibles.

____

____

____

Nombre ______________________ Fecha ______________________

Gramática

El imperfecto

A Completa con el imperfecto.

1. Él ______________________ español. (aprender)
2. Él siempre ______________________ programas de televisión en español. (mirar)
3. Yo no ______________________ hambre. (tener)
4. Ellos ______________________ en Madrid. (vivir)
5. Su padre ______________________ allí. (trabajar)
6. Nosotros siempre ______________________ en nuestro restaurante favorito. (comer)
7. El mesero nos ______________________ muy buen servicio. (dar)
8. Yo nunca ______________________ lo que ellos ______________________. (entender, decir)
9. Tú ______________________ donde nosotros ______________________, ¿no? (saber, vivir)
10. Yo ______________________ y ustedes ______________________. (volver, salir)

B Da la forma del imperfecto.

1. soy ______________________
2. voy ______________________
3. veo ______________________
4. vamos ______________________
5. vemos ______________________
6. somos ______________________

Nombre ______________________________ Fecha ______________________________

Interesar, aburrir, gustar

C Expresa de otra manera según el modelo.

MODELO **Aprecio los deportes. →**
Me gustan los deportes.

1. José aprecia los deportes.
____
2. Apreciamos los deportes.
____
3. ¿Aprecias los deportes?
____
4. Aprecio mucho el arte.
____
5. ¿Ustedes aprecian el arte también?
____

D Completa.

1. A mí ______ gust______ el flan.
2. A Joselito ______ gust______ las galletas.
3. A nosotros ______ gust______ la carne pero nos gust______ más los mariscos.
4. A ti ______ gust______ las frutas.
5. A ellos ______ gust______ el café pero no ______ gust______ las bebidas dulces.

E Escribe tres cosas que te interesan y tres que te aburren.

1. ______________________________
2. ______________________________
3. ______________________________
4. ______________________________
5. ______________________________
6. ______________________________

Nombre ______________________ Fecha ______________________

Integración

¡A escribir más!

A En un párrafo, describe un mercado indígena.

B En un párrafo, describe una tienda de ropa.

C En un párrafo, describe uno de tus días festivos favoritos.

Nombre ______________________ Fecha ______________________

Ciudad y campo

Vocabulario

A Da otra palabra.

1. un área urbana y metropolitana ______________________
2. los que andan por la calle ______________________
3. lugar donde cruzan estos la calle ______________________
4. donde dos calles se encuentran ______________________
5. una luz que controla la circulación del tráfico ______________________
6. una fila ______________________
7. una finca ______________________
8. zonas rurales ______________________
9. una carretera grande ______________________
10. pasar otro vehículo ______________________

B Da el contrario.

1. derecho ______________________
2. rápido ______________________
3. mucha gente ______________________
4. disponible ______________________

C Escribe cinco palabras que tienen que ver con una ciudad.

1. ______________________
2. ______________________
3. ______________________
4. ______________________
5. ______________________

Nombre ______________________ Fecha ______________________

D Escribe cinco palabras que tienen que ver con el campo.

1. ______________________
2. ______________________
3. ______________________
4. ______________________
5. ______________________

E Usa cada palabra en una frase original.

1. la esquina

____

____

2. cruzar

____

____

3. el semáforo

____

____

4. cultivar

____

____

5. el campesino

____

____

Nombre _______________ Fecha _______________

Gramática

Pronombres de complemento directo

A Contesta usando pronombres de complemento.

1. ¿Pagaste el peaje?

____

2. ¿Adelantaste el otro carro?

____

3. ¿Esperaron los pasajeros el autobús?

____

4. ¿Trajiste las llaves del carro?

____

5. ¿Compraron ellos los boletos?

____

6. ¿Vieron ustedes la película?

____

7. ¿Te invitó Carlos a ir al cine?

____

8. ¿Viste a tus amigos en el cine?

____

El pretérito y el imperfecto

B Escribe frases en el pretérito o el imperfecto.

1. yo / ir / ayer

____

2. nosotros / ir / todos los días

____

3. él / lo / ver / una vez

____

4. ellos / lo / ver / muy a menudo

____

5. tú / llegar / ayer

____

6. ustedes / siempre / llegar / mismo / hora

____

Nombre ______________________ Fecha ______________________

C Completa con el pretérito o el imperfecto.

1. Las hermanas ______________________ a caballo cuando ______________________ sus amigas. (andar, llegar)
2. Ellos se ______________________ del caballo cuando ______________________ a sus amigas. (bajar, ver)
3. Sus amigas las ______________________ con frecuencia pero no las ______________________ el año pasado. (visitar, visitar)
4. Cada día un grupo de campesinos ______________________ la tierra mientras otros les ______________________ de comer a los animales. (cultivar, dar)
5. Yo ______________________ cuando ______________________ el carro. (trabajar, entrar)

D Forma frases en el pasado.

1. gente / cruzar / calle / en / esquina

____

2. gente / esperar / autobús / parada

____

3. no / haber / asientos / disponible

____

4. autobús / completo

____

Nombre ______________________ Fecha ______________________

Integración

¡A escribir más!

A En un párrafo, describe una ciudad.

B En un párrafo, describe un día que pasaste en la ciudad.

C En un párrafo, describe el campo.

D En un párrafo, describe un día que pasaste en el campo.

Nombre ______________________ Fecha ______________________

El hotel y el restaurante

Vocabulario

A Completa con una palabra apropiada.

1. Los huéspedes van a la ______________ cuando llegan a un hotel.
2. Necesitan su ______________ para poder abrir la puerta de su cuarto.
3. Deshacen la maleta y ______________ su ropa en el ______________.
4. En el hotel la ______________ hace la cama.
5. Ella cambia las toallas ______________ por toallas ______________.

B Prepara una lista de todos los comestibles que recuerdas.

____

____

C Prepara una lista de las maneras en que se puede preparar (elaborar) las comidas.

____

____

D Prepara una lista de expresiones que necesitas en un restaurante.

____

____

E Prepara una lista de palabras que necesitas en un hotel.

____

____

F Da una palabra relacionada.

1. la recepción ______________
2. colgar ______________
3. la limpieza ______________
4. la mesa ______________
5. la comida ______________
6. la camarera ______________

Nombre ____________________ Fecha ____________________

Gramática

Dos complementos en una frase

A Completa usando pronombres.

1. La profesora les explicó la lección a los alumnos.
   La profesora ____________________.
2. Ella le enseñó la regla a Teresa.
   Ella ____________________.
3. Ella les devolvió los exámenes a los alumnos.
   Ella ____________________.
4. La profesora le leyó la poesía a la clase en voz alta.
   La profesora ____________________.

B Contesta usando pronombres.

1. ¿Te dio las llaves el recepcionista?
   ____
2. ¿Te dio la factura el cajero?
   ____
3. ¿Le diste tu número de confirmación a la recepcionista?
   ____
4. ¿Te dio el menú el mesero?
   ____
5. ¿Le devolviste el menú al mesero después de leerlo?
   ____
6. ¿Quién le pidió la cuenta al mesero?
   ____
7. ¿Le dejaste la propina para el camarero?
   ____
8. ¿Les devolvió a ustedes una copia de la cuenta el mesero?
   ____

Nombre ______________________ Fecha ______________________

El presente perfecto

C Contesta según el modelo.

MODELO **—¿Cuándo le hablaste a Juan?**
—¿A Juan? Le he hablado esta mañana.

1. ¿Cuándo llamaste a Elena?
____
2. ¿Cuándo viste a Paco?
____
3. ¿Cuándo se lo devolviste a César?
____
4. ¿Cuándo invitaste a Carolina?
____

D Forma frases con **nunca.**

1. yo / nunca / estar / México
____
2. ellos / nunca / hacer / tal / viaje
____
3. nosotros / nunca / andar / por / país
____
4. tú / no / tomar / nunca / un avión
____
5. ella / nunca / freír / pescado
____
6. ustedes / nunca / romper / promesa
____
7. tú / nunca / les / escribir / carta
____

Nombre ______________________ **Fecha** ______________________

E Haz una frase original con el presente perfecto y cada una de las expresiones.

1. casi nunca

____

2. en mi vida

____

3. todavía no

____

4. jamás

____

5. hasta ahora

____

Nombre ______________________ Fecha ______________________

Integración

¡A escribir más!

A En un párrafo, describe una estadía en un hotel.

____
____
____
____
____
____
____
____

B En un párrafo, describe una experiencia en un restaurante.

____
____
____
____
____
____
____
____

Nombre ______________________ Fecha ______________________

En casa y en clase

Vocabulario

Actividad A Listen and repeat.

Actividad B Listen and choose.

	sí	no
1.	☐	☐
2.	☐	☐
3.	☐	☐
4.	☐	☐
5.	☐	☐
6.	☐	☐

Actividad C Listen and choose.

1. a b c
2. a b c
3. a b c
4. a b c
5. a b c
6. a b c

Conversación

Actividad A Listen.

Nombre ______________________ Fecha ______________________

Actividad B Listen and choose.

	sí	no
1.	☐	☐
2.	☐	☐
3.	☐	☐
4.	☐	☐
5.	☐	☐
6.	☐	☐
7.	☐	☐

Gramática

Actividad A Listen and choose.

1. a b c

2. a b c

3. a b c

4. a b c

5. a b c

6. a b c

7. a b c

8. a b c

Actividad B Listen and answer.

Actividad C Listen and answer.

Actividad D Listen and answer.

Nombre ______________________ Fecha ______________________

Deportes y rutinas

Vocabulario

Actividad A Listen and repeat.

Actividad B Listen and choose.

1. a b
2. a b
3. a b
4. a b

Actividad C Listen and choose.

	sí	no
1.	☐	☐
2.	☐	☐
3.	☐	☐
4.	☐	☐
5.	☐	☐
6.	☐	☐
7.	☐	☐
8.	☐	☐
9.	☐	☐

Actividad D Listen and answer.

Conversación

Actividad A Listen.

Nombre ______________________ Fecha ______________________

Actividad B Listen and choose.

	sí	no
1.	☐	☐
2.	☐	☐
3.	☐	☐
4.	☐	☐
5.	☐	☐

Gramática

Actividad A Listen and speak.

Actividad B Listen and answer.

Actividad C Listen and choose.

1. a b c
2. a b c
3. a b c
4. a b c
5. a b c
6. a b c

Actividad D Listen and choose.

	reflexivo	no reflexivo
1.	☐	☐
2.	☐	☐
3.	☐	☐
4.	☐	☐
5.	☐	☐
6.	☐	☐
7.	☐	☐
8.	☐	☐

Actividad E Listen and answer.

Nombre ______________________ Fecha ______________________

Vacaciones

Vocabulario

Actividad A Listen and repeat.

Actividad B Listen and answer.

Actividad C Listen and choose.

	sí	no
1.	☐	☐
2.	☐	☐
3.	☐	☐
4.	☐	☐
5.	☐	☐
6.	☐	☐

Actividad D Listen and choose.

	tren	avión
1.	☐	☐
2.	☐	☐
3.	☐	☐
4.	☐	☐
5.	☐	☐
6.	☐	☐
7.	☐	☐
8.	☐	☐

Conversación

Actividad A Listen.

Nombre ______________________ Fecha ______________________

Actividad B Listen and choose.

	sí	no
1.	☐	☐
2.	☐	☐
3.	☐	☐
4.	☐	☐
5.	☐	☐
6.	☐	☐

Gramática

Actividad A Listen and choose.

	presente	pretérito
1.	☐	☐
2.	☐	☐
3.	☐	☐
4.	☐	☐
5.	☐	☐
6.	☐	☐
7.	☐	☐
8.	☐	☐
9.	☐	☐
10.	☐	☐

Actividad B Listen and answer.

Actividad C Listen and choose.

1. a b c
2. a b c
3. a b c
4. a b c
5. a b c

Nombre ______________________ Fecha ______________________

De compras y fiestas

Vocabulario

Actividad A Listen and repeat.

Actividad B Listen and choose.

	sí	no
1.	☐	☐
2.	☐	☐
3.	☐	☐
4.	☐	☐
5.	☐	☐
6.	☐	☐
7.	☐	☐

Actividad C Listen and choose.

	sí	no
1.	☐	☐
2.	☐	☐
3.	☐	☐
4.	☐	☐
5.	☐	☐
6.	☐	☐
7.	☐	☐

Conversación

Actividad A Listen.

Actividad B Listen and choose.

	sí	no
1.	☐	☐
2.	☐	☐
3.	☐	☐
4.	☐	☐
5.	☐	☐
6.	☐	☐

Gramática

Actividad A Listen and answer.

Actividad B Listen and answer.

Actividad C Listen and answer.

Actividad D Listen and answer.

Nombre ______________________ Fecha ______________________

Ciudad y campo

Vocabulario

Actividad A Listen and repeat.

Actividad B Listen and choose.

	sí	no
1.	☐	☐
2.	☐	☐
3.	☐	☐
4.	☐	☐
5.	☐	☐
6.	☐	☐
7.	☐	☐
8.	☐	☐

Actividad C Listen and choose.

	sí	no
1.	☐	☐
2.	☐	☐
3.	☐	☐
4.	☐	☐
5.	☐	☐

Conversación

Actividad A Listen.

Nombre ______________________ Fecha ______________________

Actividad B **Listen and choose.**

	sí	no
1.	☐	☐
2.	☐	☐
3.	☐	☐
4.	☐	☐
5.	☐	☐

Gramática

Actividad A **Listen and speak.**

Actividad B **Listen and answer.**

Actividad C **Listen, look, and choose.**

1.	el otro día	mucho
2.	ayer	todos los días
3.	una vez	de vez en cuando
4.	anoche	con frecuencia
5.	anoche	casi todas las noches
6.	el verano pasado	cada verano
7.	el otro día	cada mañana a la misma hora
8.	una vez	siempre que podía

Actividad D **Listen and answer.**

Nombre _______________ Fecha _______________

El hotel y el restaurante

Vocabulario

Actividad A Listen and repeat.

Actividad B Listen and choose.

	sí	no
1.	☐	☐
2.	☐	☐
3.	☐	☐
4.	☐	☐
5.	☐	☐
6.	☐	☐
7.	☐	☐
8.	☐	☐

Conversación

Actividad A Listen.

Actividad B Listen and choose.

	sí	no
1.	☐	☐
2.	☐	☐
3.	☐	☐
4.	☐	☐
5.	☐	☐
6.	☐	☐
7.	☐	☐
8.	☐	☐

Nombre ______________________ Fecha ______________________

Gramática

Actividad A Listen and choose.

1. a b c
2. a b c
3. a b c
4. a b c
5. a b c
6. a b c

Actividad B Listen and answer.

Actividad C Listen and answer.

CAPÍTULO

1

Cocina hispana

Nombre ______________________ Fecha ______________________

Cocina hispana

Vocabulario

A Insert the correct verb infinitive and choose the correct completion.

la parrilla **pedacitos** **la sartén** **la cazuela** **la olla** **rebanadas**

1. ______________ las papas fritas en ______________
2. ______________ el agua en ______________
3. ______________ el pollo en ______________
4. ______________ la salsa en ______________
5. ______________ el pepino en ______________
6. ______________ el ajo en ______________

B Identify each item.

1. ______________

2. ______________

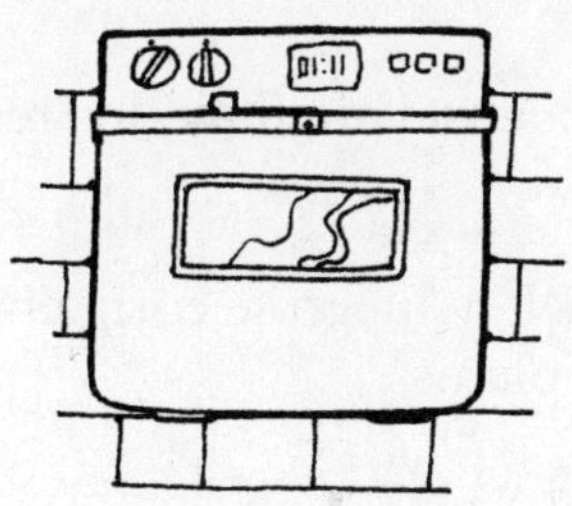

3. ______________

4. ______________

Nombre ______________________ Fecha ______________________

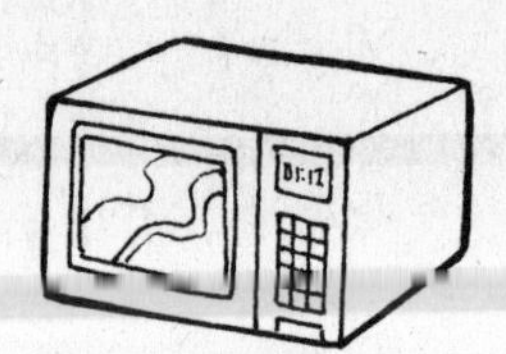

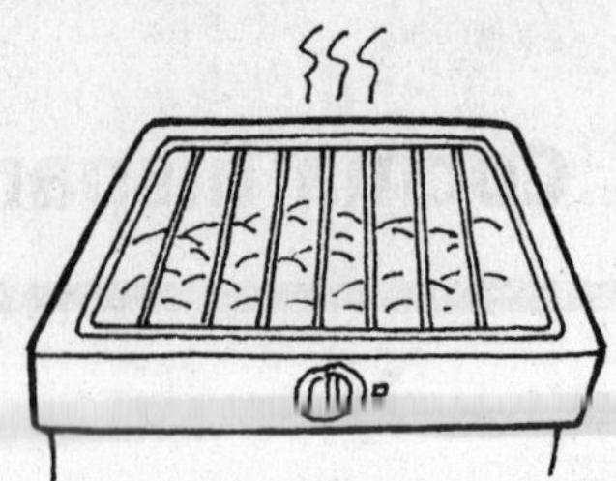

5. ______________________ 6. ______________________

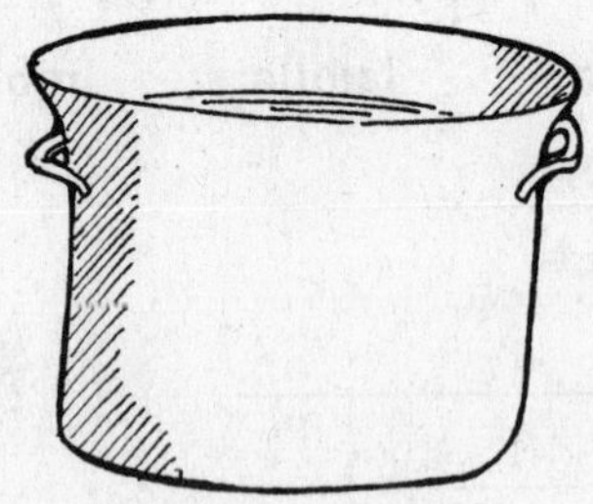

7. ______________________ 8. ______________________

C Complete with an appropriate word.

1. ______________________ o ______________________ de pollo
2. ______________________ de pan
3. ______________________ de ternera
4. ______________________ de jamón
5. ______________________ de cerdo

D Give the items being described.

1. redonda y de color blanco o amarillo

   ____

2. elongada y de color naranja; se pela

   ____

3. de color verde; se pela y se usa frecuentemente en una ensalada (hay dos respuestas)

   ____

4. bastante pequeño; generalmente de color blanco; se pela y luego se corta en pedacitos; se usa en muchas recetas para darles sabor a muchos platos

   ____

Nombre ______________________ Fecha ______________________

E Make the following lists.

1. comestibles que se puede freír

____
____
____
____
____
____

2. comestibles que puedes o debes poner en el congelador

____
____
____

3. comestibles que puedes hervir

____
____
____

4. comestibles que puedes asar

____
____
____
____
____

F Write a sentence about each illustration.

1. ______________________________________
____

Nombre ______________________ Fecha ______________________

2. ____

____

3. ____

____

4. ____

____

5. ____

____

G Write a description of a kitchen and some activities that take place there.

____

____

____

____

____

____

____

Nombre ____________________ Fecha ____________________

Gramática

El subjuntivo

A Complete.

	presente del indicativo él.....	presente del subjuntivo que él....
1. hablar	________	________
2. cocinar	________	________
3. preparar	________	________
4. comer	________	________
5. beber	________	________
6. leer	________	________
7. vivir	________	________
8. escribir	________	________

B Complete.

	presente del indicativo yo....	presente del subjuntivo que yo....
1. salir	________	________
2. hacer	________	________
3. poner	________	________
4. traer	________	________
5. tener	________	________
6. decir	________	________
7. conducir	________	________

C Complete the following sentences with the correct form of the indicated verbs.

1. Sus padres quieren que él ____________. (estudiar)
   ____________. (aprender)
   ____________. (vivir con ellos)
   ____________. (no salir)
   ____________. (tener amigos)
2. Nuestro profesor quiere que nosotros ____________. (escuchar)
   ____________. (hablar)
   ____________. (comprender)
   ____________. (escribir bien)

______________________________. (hacer tareas)

______________________________. (ir a clase)

3. Yo quiero que tú ______________________________. (llamar)

______________________________. (visitar)

______________________________. (leer la novela)

______________________________. (salir conmigo)

______________________________. (saber la verdad)

4. Mis amigos quieren que yo ______________________________. (estar)

______________________________. (dar una fiesta)

______________________________. (invitar a todos)

______________________________. (ir)

______________________________. (no salir)

D Complete to form three different sentences.

1. Yo quiero que ellos ______________________________.

______________________________.

______________________________.

2. Y ellos quieren que yo ______________________________.

______________________________.

______________________________.

3. ¿Él quiere que tú ______________________________?

______________________________?

______________________________?

4. Y, ¿qué quieres que él ______________________________?

______________________________?

______________________________?

5. Nosotros queremos que ustedes ______________________________.

______________________________.

______________________________.

6. Y ustedes quieren que nosotros ______________________________.

______________________________.

______________________________.

Nombre ____________________ Fecha ____________________

Gramática

El imperativo formal

A Match the infinitive with the **usted** command form.

1. ______ cocinar
2. ______ pelar
3. ______ rebanar
4. ______ comer
5. ______ añadir
6. ______ servir
7. ______ revolver
8. ______ poner

a. sirva usted
b. añada usted
c. cocine usted
d. revuelva usted
e. coma usted
f. ponga usted
g. pele usted
h. rebane usted

B Change the **usted** commands in Activity A to the **ustedes** form.

1. ____________________
2. ____________________
3. ____________________
4. ____________________
5. ____________________
6. ____________________
7. ____________________
8. ____________________

C Write the following in the negative.

1. Prepare usted la comida.
____
2. Lea usted la receta.
____
3. Ase las chuletas.
____
4. Pique el ajo.
____
5. Pele los pepinos.
____
6. Fría el pollo.
____

Nombre ______________________ Fecha ______________________

D Complete with the correct form of the formal (**usted**) command of the indicated verb.

1. ______________ usted la receta. (leer)
2. ______________ usted las legumbres. (lavar)
3. ______________ usted las latas. (abrir)
4. ______________ usted las cebollas. (picar)
5. ______________ usted el agua. (hervir)
6. ______________ usted el ajo. (añadir)
7. ______________ usted las chuletas. (freír)
8. ______________ usted los huevos. (revolver)
9. ______________ usted la cazuela. (tapar)

E Form sentences as in the model.

MODELO el pan / cortar en pedazos / rebanar →
No corte el pan en pedazos. Rebánelo.

1. las chuletas / freír / asar

____

____

2. las zanahorias / picar / pelar

____

____

3. el pollo / asar / freír

____

____

4. la olla / tapar / destapar

____

____

Nombre ______________________ Fecha ______________________

Gramática

El imperativo familiar—formas negativas

A Indicate if the sentence is a command or not.

	command	not a command
1. No me hables.	☐	☐
2. No lo preparas.	☐	☐
3. No lo comas.	☐	☐
4. No lo subes.	☐	☐
5. No lo frías.	☐	☐
6. No lo cortes.	☐	☐

B Rewrite in the negative.

1. ¡Habla!

____

2. ¡Háblame!

____

3. ¡Compra!

____

4. ¡Cómpralos!

____

5. ¡Vende!

____

6. ¡Véndemelo!

____

7. ¡Sube!

____

8. ¡Súbelo!

____

Nombre ______________________ Fecha ______________________

C Rewrite in the negative.

1. Ponlo aquí.

2. Hazlo.

3. Dímelo.

4. Vete.

5. Dámela.

Nombre ______________________ Fecha ______________________

Integración

¡A leer más!

A Read the advertisement from a store in Madrid.

Nombre ______________________ Fecha ______________________

B How does the advertisement express the following words?

1. grater
   ____
2. set (of pots)
   ____
3. set (of knives)
   ____
4. aluminum
   ____
5. grill
   ____
6. steel
   ____
7. glass cover
   ____
8. nonstick
   ____

C Answer in Spanish according to the advertisement.

1. ¿Cuántos piezas hay en la batería de cocina?
   ____
2. ¿Cuántas sartenes hay en el juego? ¿De qué tamaños son?
   ____
3. ¿Cuántos cuchillos hay en el juego?
   ____
4. ¿Cuál fue (en euros) el precio original del rallador?
   ____
5. ¿Cómo son las ollas?
   ____

Tarea

Una comida hispana

Task You and two friends have decided to prepare a vegetarian Spanish meal for your parents. You have spoken to your Spanish teacher, who recommended some dishes that are simple and easy to prepare. He or she would also like you to present your recipes to the class in Spanish for more practice using what you have learned this year.

How

- To get started, search the web to find the recipes and the steps you will need to follow to prepare:
  - **Aceitunas a la madrileña** for an appetizer
  - **Frijoles (habichuelas) con arroz** for the main course
  - **Flan** for dessert
  - **Café con leche** for the after-dinner beverage
- Use the diagram below to organize the foods you will need and the steps you will follow to create your part of the meal. Add more steps to the diagram if you need to.

- Prepare your presentation for the class in Spanish using as many of the vocabulary words from this chapter as you can. Be sure to check your paragraph for correct grammar, word choice, and spelling.

Nombre ______________________ Fecha ______________________

Nombre ____________________ Fecha ____________________

Cocina hispana

Vocabulario

Actividad A Listen and repeat.

Actividad B Listen and choose.

	correcta	incorrecta
1.	☐	☐
2.	☐	☐
3.	☐	☐
4.	☐	☐
5.	☐	☐
6.	☐	☐
7.	☐	☐
8.	☐	☐
9.	☐	☐
10.	☐	☐

Nombre ______________________ Fecha ______________________

Actividad C Listen and choose.

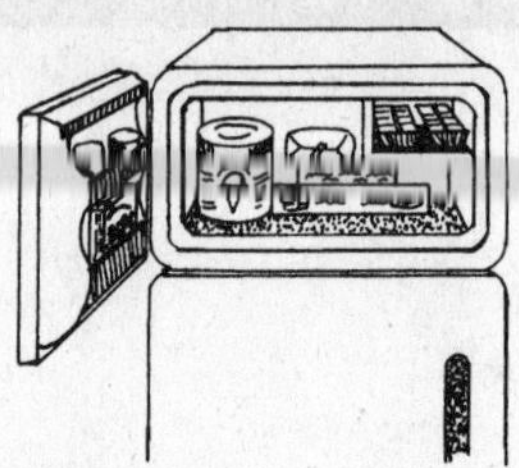

______

______

______

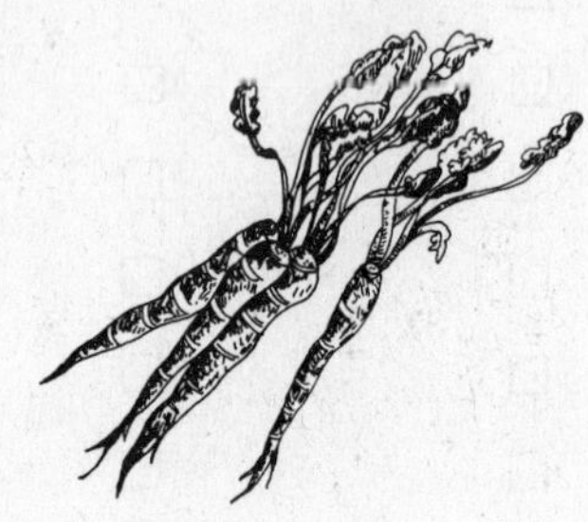

______

______

______

______

______

Nombre ______________________ Fecha ______________________

Actividad D Listen and choose.

1. a b c
2. a b c
3. a b c
4. a b c
5. a b c

Actividad E Listen and choose.

	sí	no
1.	☐	☐
2.	☐	☐
3.	☐	☐
4.	☐	☐
5.	☐	☐
6.	☐	☐
7.	☐	☐
8.	☐	☐

Nombre ______________________ Fecha ______________________

Gramática

Actividad A Listen and speak.

Actividad B Listen and answer.

Actividad C Listen and answer.

Actividad D Listen and speak.

Actividad E Listen and answer.

Actividad F Listen and answer.

Actividad G Listen and answer.

Actividad H Listen and speak.

Actividad I Listen and answer.

Actividad J Listen and answer.

Nombre ______________________ Fecha ______________________

Conversación

Actividad A Listen.

Actividad B Listen and choose.

	sí	no
1.	☐	☐
2.	☐	☐
3.	☐	☐
4.	☐	☐
5.	☐	☐
6.	☐	☐
7.	☐	☐
8.	☐	☐

Nombre ______________________ Fecha ______________________

Integración

¡A escuchar más!

Actividad A Listen.

Actividad B Listen and choose.

1. a b c
2. a b c
3. a b c
4. a b c
5. a b c

Actividad C Listen and choose.

	sí	no
1.	☐	☐
2.	☐	☐
3.	☐	☐
4.	☐	☐
5.	☐	☐

Repaso cumulativo

Actividad A Listen and choose.

	sí	no
1.	☐	☐
2.	☐	☐
3.	☐	☐
4.	☐	☐
5.	☐	☐

CAPÍTULO

2

¡Cuídate bien!

Nombre ______________________ Fecha ______________________

¡Cuídate bien!

Vocabulario 1

A Identify each part of the body.

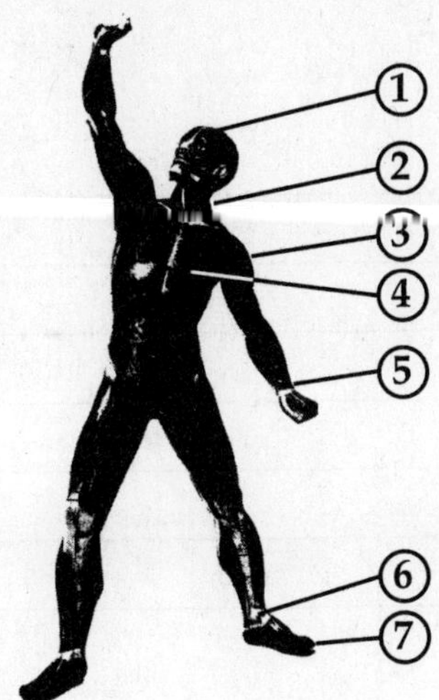

1. ______________________
2. ______________________
3. ______________________
4. ______________________
5. ______________________
6. ______________________
7. ______________________

B Complete with parts of the body you have already learned.

1. No se puede usar las ______________________ cuando juegas fútbol.
2. Los ______________________ conectan las manos con el cuerpo.
3. Tenemos cinco ______________________ en cada mano.
4. Llevo un sombrero en la ______________________.
5. Llevo zapatos en los ______________________.
6. Las ______________________ conectan el cuerpo con el pie.
7. La ______________________ está en medio de la pierna.
8. No duermo en el estómago, duermo en la ______________________.

Nombre ______________________ Fecha ______________________

C Indicate if the following statements make sense or not.

	sí	no
1. Es importante que todos hagamos ejercicios para mantenernos en forma.	☐	☐
2. Es importante estirarse antes de hacer muchos ejercicios.	☐	☐
3. Es necesario llevar casco y rodilleras si haces planchas.	☐	☐
4. Mucha gente lleva un buzo cuando hace jogging.	☐	☐
5. Tienes que tener mucha energía para correr en un maratón.	☐	☐
6. Una carrera a campo traviesa es una carrera de corta distancia.	☐	☐
7. El yoga tiene muchos movimientos rápidos.	☐	☐

D Correct any false statements in Activity C.

1. ______________________
2. ______________________
3. ______________________
4. ______________________
5. ______________________
6. ______________________
7. ______________________

E Complete each sentence with an appropriate word.

1. Los que ______________ en línea llevan dos patines y los que hacen el ______________ usan solamente uno.
2. El yoga es un ejercicio de ______________ y movimientos lentos que liberan el espíritu de ______________.
3. Un corredor reemplaza a otro en una carrera de ______________.
4. Una carrera muy larga que tiene muchos participantes es un ______________.
5. En el gimnasio muchos hacen ______________ y otros ______________ pesas.

Nombre ______________________ Fecha ______________________

F Give a related word.

1. pesar ______________
2. la rodilla ______________
3. el descanso ______________
4. patinar ______________
5. respirar ______________
6. mover ______________

G Use the following words or expressions in an original sentence.

1. casco y rodilleras
____
2. practicar el yoga
____
3. hacer jogging
____
4. correr
____
5. estirarse
____

Nombre ______________________ Fecha ______________________

Vocabulario 2

A Look at the illustration and complete the sentences below using the **banco de palabras**.

sala de emergencia	se cortó	hinchado	muletas
yeso	herida	se rompió	daño

1. Alicia ______________________ la rodilla.
2. El tobillo de Tomás está ______________________.
3. Marisa anda con ______________________.

4–5. Marisa tiene un ______________________ porque.

______________________ el pie.

6. El codo de Laura le duele mucho. Tiene una ______________________ seria.
7. Julián se hizo ______________________ al hombro.
8. Todos los pacientes están en la ______________________.

B Give a related word.

1. herir ______________________
2. dañar ______________________
3. la hinchazón ______________________
4. el dolor ______________________
5. la cama ______________________
6. socorrer ______________________

C Complete each sentence with an appropriate word.

1. Un niño se cayó de la bicicleta y se hizo ______________________.
2. Llamamos a los socorristas y enseguida llegó una ______________________.
3. Ellos decidieron que el niño se ______________________ la pierna.
4. Lo pusieron en una ______________________ y lo llevaron a la ______________________ en una ambulancia.
5. En el hospital le tomaron una ______________________ para determinar si tenía la pierna quebrada.
6. El ortopédico le acomodó el hueso y lo puso en un ______________________.
7. El ______________________ ayudó al médico.

D Complete with the missing letters.

El niño se ca____(1)ó y se torció el tobi____(2)o. Lo pusieron en una cami____(3)a y lo ____(4)evaron al ____(5)ospital donde el cirujano acomodó el ____(6)ueso y lo puso en un ____(7)eso.

Nombre ______________________ Fecha ______________________

E Answer about a patient.

1. ¿Por qué tiene el tobillo hinchado?

____

____

2. ¿Por qué le tomaron una radiografía?

____

____

3. ¿Por qué le tuvieron que reducir el hueso?

____

____

4. ¿Por qué tendrá que ir con muletas el niño?

____

____

5. ¿Por qué le pone unos puntos el médico?

____

____

F Write about an imaginary accident.

____

____

____

____

____

____

Nombre ______________________ Fecha ______________________

Gramática

El subjuntivo con expresiones impersonales

A Complete with the correct form of the indicated verb.

1. Es necesario que nosotros ______________________. (trabajar)
2. Es necesario que nosotros ______________________. (ganar dinero)
3. Es necesario que nosotros ______________________. (aprender mucho)
4. Es necesario que nosotros ______________________. (recibir notas buenas)
5. Es necesario que nosotros ______________________. (hacer las tareas)
6. Es necesario que nosotros ______________________. (tener éxito)
7. Es necesario que nosotros ______________________. (saber los resultados)
8. Es necesario que nosotros ______________________. (ir)
9. Es necesario que nosotros ______________________. (estar)

B Rewrite the sentences in Activity A changing the introduction to **Es importante que tú.**

1. ______________________
2. ______________________
3. ______________________
4. ______________________
5. ______________________
6. ______________________
7. ______________________
8. ______________________
9. ______________________

C Complete with the correct form of the indicated verb.

1. Es mejor que él lo ______________________. (hacer)
2. Es necesario que nosotros lo ______________________ mañana. (saber)
3. Es posible que tú no ______________________. (estar)
4. Es bueno que tú les ______________________. (hablar)
5. Es difícil que yo lo ______________________ con ellos. (discutir)
6. Es importante que todo ______________________ bien. (salir)

Nombre ______________________ Fecha ______________________

D Write sentences as in the model.

MODELO levantar pesos →
No es necesario que ellos levanten pesas.
Es necesario que tú levantes pesas.

1. participar en el maratón
2. correr muchas vueltas
3. hablar con el entrenador
4. hacer planchas
5. ir al gimnasio

E Write an original sentence with each expression. Be sure to use different subjects.

1. es posible que
2. es probable que
3. es imposible que
4. es bueno que
5. es mejor que
6. es importante que
7. es necesario que

Nombre ______________________ Fecha ______________________

Gramática

¡Ojalá! ¡Quizás! ¡Tal vez!

A Write sentences as in the model.

MODELO venir →
—¿Ellos vienen?
—¡Quizás vengan!
—¡Ojalá vengan! Quiero verlos.

1. llegar pronto
2. estar
3. pasar tiempo aquí
4. tener tiempo libre
5. no salir

Nombre ______________________ Fecha ______________________

B Write five things that (perhaps) may happen. Introduce each one with **¡Quizás!** or **¡Tal vez!**

1. ______________________
2. ______________________
3. ______________________
4. ______________________
5. ______________________

C Write five things that you hope will or will not happen. Introduce each sentence with **¡Ojalá!**

1. ______________________
2. ______________________
3. ______________________
4. ______________________
5. ______________________

Nombre ______________________ Fecha ______________________

Gramática

El subjuntivo de los verbos de cambio radical

A Complete with the correct form of the indicated verb.

1. Es necesario que nosotros ______________________. (empezar ahora)
2. Es necesario que nosotros ______________________. (sentarse)
3. Es necesario que nosotros ______________________. (no perder)
4. Es necesario que nosotros ______________________. (volver)
5. Es necesario que nosotros ______________________. (repetir la pregunta)
6. Es necesario que nosotros ______________________. (pedir un favor)
7. Es necesario que nosotros ______________________. (dormir más)

B Write sentences as in the model.

MODELO cerrarlo →
Quiero que ellos lo cierren, no que tú lo cierres.

1. perderlo ______________________
2. encontrarlo ______________________
3. sentarse ______________________
4. acostarse ______________________
5. sentirlo ______________________
6. servirlo ______________________

C Complete the chart in the present subjunctive.

yo	nosotros	tú	ustedes	él	ellos
pida					
	devolvamos				
		te acuestes			
			duerman		
				pierda	
					sigan

Nombre ______________________ Fecha ______________________

Gramática

Comparación de igualdad

A Write sentences as in the model.

MODELO Roberto es alto. Tomás es alto. →
Roberto es tan alto como Tomás.

1. Teresa es inteligente. Las otras son inteligentes.

____

2. Maïte es atlética. Su hermana es atlética.

____

3. Alberto es fuerte. Yo soy fuerte.

____

4. Tú eres prudente. Nosotros somos prudentes.

____

B Write sentences as in the model.

MODELO César tiene muchas clases. Timoteo tiene muchas clases. →
César tiene tantas clases como Timoteo.

1. Ella corre muchas vueltas. Yo corro muchas vueltas.

____

2. Yo tengo tensión. Tú tienes tensión.

____

3. Ellos hacen ejercicios. Nosotros hacemos ejercicios.

____

4. Ustedes tienen cuidado. Ellos tienen cuidado.

____

C Complete the sentences with **tan como** or **tanto como.**

1. Carlos está ______________ nervioso ______________ Eduardo.
2. Pero Carlos no está ______________ enfermo ______________ Eduardo.
3. Carlos no tiene ______________ dolor ______________ Eduardo.
4. Carlos no tiene ______________ fiebre ______________ Eduardo.
5. Pero Eduardo se va a curar ______________ rápido ______________ Carlos.
6. Eduardo va a tener que guardar cama ______________ días ______________ Carlos.
7. Ahora Eduardo se siente ______________ bien ______________ Carlos.
8. Carlos está ______________ contento ______________ Eduardo.

Integración

¡A leer más!

A Read the following article.

¿Salir a correr con quién?

No hay duda que el correr y el jogging son actividades que proveen excelentes beneficios para la salud. Afortunadamente son actividades que me gustan y que practico casi a diario.

Yo corría casi siempre acompañado de un amigo o colega. No corría solo porque al estar solo no me caía bien la sensación de aislamiento y soledad. Pero me di cuenta de que tampoco me gustaba el parloteo casi incesante. No me agradaban las discusiones sobre el camino que íbamos a tomar ni la duración de nuestra carrera.

Un día me vino a la mente la idea de correr con mi querida mascota, Rex—un gran pastor alemán. Contrario a mis compañeros humanos, Rex nunca llegaría tarde. Tampoco cancelaría ni discutiría el camino que se debía tomar. Nunca se quejaría.

Ahora Rex es mi compañero constante durante mi caminata diaria. Él está siempre dispuesto y feliz y nunca tiene excusas. A veces soy yo quien no me encuentro motivado a dar nuestra caminata pero el no querer privar a Rex de su actividad favorita me estimula a no anularla. Hay evidencia científica que las mascotas pueden animar a sus dueños a ser más activos, así beneficiando su salud-- reduciendo la presión arterial, bajando el colesterol y mejorando el estado de ánimo. Como dice el refrán popular: «El perro es el mejor amigo del hombre».

Si el perro es el mejor amigo del hombre, el hombre debe ser un fiel y buen amigo del perro también. Además de cuidar de la salud de su compañero canino, el dueño debe insistir en que su perro corra a su lado izquierdo. Debe enseñarle a obedecer unas órdenes básicas como «siéntate», «estancia», «talón», «ven» y «no». Y para ser buen(a) ciudadano(a) y cuidarse del medio ambiente el compañero o dueño del perro debe llevar unas bolsitas por si acaso sea necesario limpiar las necesidades de su mejor amigo.

Nombre ______________________ Fecha ______________________

B Contesta las siguientes preguntas.

1. ¿Cuáles son los deportes que al individuo le gustan?

2. ¿Cuándo los practica?

3. ¿Con quién corría casi siempre?

4. ¿Por qué no corría solo?

5. Hay otras cosas que no le gustaban. ¿Cuáles?

6. ¿Qué decidió hacer?

C Da una lista de las ventajas de correr con el perro.

D Explica como o por qué las mascotas pueden beneficiar la salud de sus dueños.

E Explica como el dueño también puede ser el amigo fiel de su perro.

F Da las siguientes órdenes básicas en español.

1. stay ______________________
2. come ______________________
3. heel ______________________
4. sit ______________________
5. no ______________________

Nombre ______________________ Fecha ______________________

Tarea

¡Un accidente!

Task Your little brother likes to ride his bicycle and take walks in the park every day after school. Your mother always tells him to be very careful when he crosses the street. But today he wasn't paying attention when he left the house in a hurry to meet his friends and he had an accident on his bike!

Fortunately, he's going to be fine. However, he was supposed to be taking a trip to Mexico with his middle school Spanish class, and his host family will be disappointed that he is not coming. You agree to write a letter in Spanish to his host family on his behalf, explaining what happened to him.

How

- Use the pictures below in order to organize your ideas for the letter.

Nombre ____________________ Fecha ____________________

- Now write the letter to the host family, explaining what happened to your brother and how he is doing. Be sure to check your paragraph for correct grammar, word choice, and spelling.

Nombre ______________________ Fecha ______________________

CAPÍTULO 2

¡Cuídate bien!

Vocabulario 1

Actividad A Listen and repeat.

Actividad B Listen and choose.

1. a b c
2. a b c
3. a b c
4. a b c
5. a b c

Actividad C Listen and choose.

	sí	no
1.	☐	☐
2.	☐	☐
3.	☐	☐
4.	☐	☐
5.	☐	☐
6.	☐	☐
7.	☐	☐
8.	☐	☐
9.	☐	☐
10.	☐	☐

Actividad D Listen and answer.

Nombre ________________________________ Fecha ________________________________

Vocabulario 2

Actividad E Listen and repeat.

Actividad F Listen and choose.

	correcta	incorrecta
1.	☐	☐
2.	☐	☐
3.	☐	☐
4.	☐	☐
5.	☐	☐
6.	☐	☐

Actividad G Listen and choose.

1. a b c
2. a b c
3. a b c
4. a b c
5. a b c
6. a b c

Actividad H Listen and answer.

Nombre ______________________ Fecha ______________________

Gramática

Actividad A Listen and speak.

Actividad B Listen and speak.

Actividad C Listen and speak.

Actividad D Listen and answer.

Actividad E Listen and answer.

Actividad F Listen and answer.

Actividad G Listen and choose.

	igualdad	desigualdad
1.	☐	☐
2.	☐	☐
3.	☐	☐
4.	☐	☐
5.	☐	☐
6.	☐	☐
7.	☐	☐
8.	☐	☐

Actividad H Listen and speak.

Nombre ______________________ Fecha ______________________

Conversación

Actividad A Listen.

Actividad B Listen and choose.

	sí	no
1.	☐	☐
2.	☐	☐
3.	☐	☐
4.	☐	☐
5.	☐	☐
6.	☐	☐
7.	☐	☐
8.	☐	☐

Nombre ______________________ Fecha ______________________

Lectura cultural

Actividad A Listen.

Actividad B Listen and choose.

1. ☐ Hoy en día no hay mucho interés en la salud y la form física.
2. ☐ Es importante hacer ejercicios por lo menos tres veces a la semana.
3. ☐ No hay muchos gimnasios en que hacer ejercicios.
4. ☐ Los parques son muy populares para hacer jogging o correr.
5. ☐ A mucha gente le gusta andar en bicicleta en el parque.
6. ☐ Andar en bicicleta es divertido pero no es una forma buena de ejercicio.
7. ☐ Muchos maratones tienen un propósito benévolo.
8. ☐ El monopatín y el patinaje en línea son muy populares con los jóvenes.
9. ☐ Es casi imposible lastimarte en estas formas de patinaje.
10. ☐ Es importante que lleves casco y rodilleras cuando practicando el patinaje en línea o el monopatín.

Lectura—Un poco más

Actividad A Listen.

Nombre ______________________ Fecha ______________________

Integración

¡A escuchar más!

Actividad A **Listen.**

Actividad B **Listen and choose.**

	sí	no
1.	☐	☐
2.	☐	☐
3.	☐	☐
4.	☐	☐
5.	☐	☐
6.	☐	☐
7.	☐	☐

Actividad C **Listen and write.**

1. ____
2. ____

Actividad D **Listen and choose.**

1. accidente: sí ______ no ______ hombre ______ mujer ______ edad: ______
   fractura: sí ______ no ______ corte: sí ______ no ______
   brazo ______ pierna ______ tobillo ______ rodilla ______
2. accidente: sí ______ no ______ hombre ______ mujer ______ edad: ______
   fractura: sí ______ no ______ corte: sí ______ no ______
   brazo ______ pierna ______ tobillo ______ rodilla ______
3. accidente: sí ______ no ______ hombre ______ mujer ______ edad: ______
   fractura: sí ______ no ______ corte: sí ______ no ______
   brazo ______ pierna ______ tobillo ______ rodilla ______
4. accidente: sí ______ no ______ hombre ______ mujer ______ edad: ______
   fractura: sí ______ no ______ corte: sí ______ no ______
   brazo ______ pierna ______ tobillo ______ rodilla ______

Nombre _______________ Fecha _______________

Repaso cumulativo

Actividad A Listen and choose.

	a un(a) amigo(a)	a su profesor(a)	a sus padres
1.	☐	☐	☐
2.	☐	☐	☐
3.	☐	☐	☐
4.	☐	☐	☐
5.	☐	☐	☐
6.	☐	☐	☐
7.	☐	☐	☐
8.	☐	☐	☐

CAPÍTULO

3

Pasajes de la vida

Nombre ______________________ Fecha ______________________

Pasajes de la vida

Vocabulario 1

A Escoge una palabra del banco de palabras para completar cada frase.

el cura	el anuncio	pareja	una recepción	
el alcalde	anillos	la ceremonia	civil	un velo

1. El novio y la novia forman una ______________________.
2. ______________________ nupcial tiene lugar en la iglesia.
3. Muchas novias llevan ______________________ con su traje de novia.
4. Muchos novios intercambian ______________________ durante su ceremonia nupcial.
5. ______________________ casa a los novios en la iglesia y ______________________ casa a los novios en el ayuntamiento.
6. La ceremonia en la iglesia es religiosa y la ceremonia en el ayuntamiento es ______________________.
7. Por lo general hay ______________________ en honor de los novios después de la ceremonia nupcial.
8. Muchas veces ______________________ nupcial sale en el periódico.

B Da la palabra cuya definición sigue.

1. una gran cena ______________________
2. edificio del gobierno municipal ______________________
3. templo religioso ______________________
4. el joven que se casa ______________________
5. lo que firman los novios durante una ceremonia civil ______________________
6. presidente(a) de un ayuntamiento de un pueblo o municipio ______________________

Nombre ______________________ Fecha ______________________

C Completa con una palabra apropiada.

1. ______________________ va a casarse con la ______________________ en la iglesia.
2. ______________________ participa en la ceremonia religiosa y ______________________ participa en la ceremonia civil.
3. Muchas parejas ______________________ anillos de boda.
4. Durante la recepción los invitados les dicen «¡______________________!» a los novios.
5. ______________________ es una gran cena.

D Escribe a lo menos tres frases sobre cada uno de los siguientes temas.

1. los novios

____

____

____

2. un matrimonio religioso

____

____

____

3. un matrimonio civil

____

____

____

4. una recepción

____

____

____

E Escribe una invitación a una boda.

____

____

____

____

____

Nombre _______________ Fecha _______________

Vocabulario 2

A Contesta.

1. ¿Bautiza el cura al recién nacido?

____

2. ¿Bautiza el cura al bebé con agua sagrada?

____

3. ¿Está el agua en una pila?

____

4. ¿Están presentes el padrino y la madrina durante el bautizo?

____

B Parea.

1. ______ el cementerio	**a.** la esquela
2. ______ el obituario	**b.** el sepelio
3. ______ el entierro	**c.** el difunto
4. ______ el muerto	**d.** el camposanto

C Completa con una palabra apropiada.

Hoy el niño ______(1)______ cinco años. Todos sus amiguitos vienen a una ______(2)______ para celebrar su ______(3)______. En la mesa hay ______(4)______ con cinco ______(5)______.

D Usa cada palabra en una frase original.

1. nacer

____

2. bautizar

____

3. el cumpleaños

____

4. la viuda

____

5. la esquela

____

6. el sepelio

____

Nombre ______________________ Fecha ______________________

Gramática

El subjuntivo con deseos

A Escoge la forma apropiada del verbo.

1. Todos esperan que los recién casados ______________ una vida feliz.
   a. tienen b. tengan
2. Sus padres prefieren que ______________ en la iglesia.
   a. se casen b. se casan
3. Insisto en que tú me ______________ lo que pasa.
   a. digas b. dices
4. Esperan que nosotros ______________.
   a. asistimos b. asistamos
5. Ellos temen que yo no ______________ a tiempo.
   a. llego b. llegue

B Completa con la forma apropiada del verbo indicado.

1. Ellos insisten en que nosotros lo ______________. (saber)
2. Él lo sabía pero temo que lo ______________ olvidado. (haber)
3. Espero que ellos ______________ a tiempo pero temo que ______________ tráfico en la carretera. (llegar, haber)
4. Mis padres siempre tienen miedo de que yo no ______________ atención a los rótulos en las carreteras pero no es verdad. (prestar)
5. Esperan que ______________ los avisos en el periódico mañana. (salir)

C Completa.

1. Mis padres prefieren que yo ______________.
2. Yo espero que mis amigos ______________.
3. Mis amigos y yo tenemos miedo de que tú ______________.
4. Deseo que mi mejor amigo(a) ______________.
5. Insisten en que nosotros ______________.

D Escribe una frase introducida por cada uno de los verbos. Usa dos sujetos en cada frase.

1. esperar ______________
2. insistir en ______________
3. temer ______________
4. desear ______________
5. preferir ______________

Nombre ______________________ Fecha ______________________

Gramática

El subjuntivo con expresiones de emoción

A Indica si expresa una emoción u opinión.

	emoción	opinión
1. sentir	☐	☐
2. insistir	☐	☐
3. creer	☐	☐
4. alegrarse	☐	☐
5. estar triste	☐	☐
6. dudar	☐	☐
7. es importante	☐	☐
8. sorprender	☐	☐

B Completa con la forma apropiada del verbo.

1. Me alegro de que ustedes ______________. (asistir)
2. Nosotros también. Pero sentimos que no ______________ Elena. (estar)
3. Sí. ¡Qué pena que ella ______________ que trabajar! (tener)
4. La verdad es que me sorprende que ellos no le ______________ el día libre. (dar)
5. Pues, de todos modos Elena está contenta que yo ______________ las fotos en su computadora. (cargar)

C Completa para formar a lo menos tres frases diferentes.

Me sorprende		**ustedes**
Mis padres se alegran de		**yo**
Estoy contento(a)	**que**	**tú**
Pero estoy triste		**nosotros**
Es una lástima		

____

____

____

____

____

____

Nombre ______________________ Fecha ______________________

Gramática

Los pronombres posesivos

A Da la forma masculina del pronombre.

1. mi ______________________
2. su ______________________
3. nuestro ______________________
4. tu ______________________
5. sus ______________________
6. tus ______________________

B Cambia según el modelo.

MODELO **mi cámara → la mía**

1. tu mascota ______________________
2. nuestra casa ______________________
3. mi novio ______________________
4. sus anillos ______________________
5. nuestro anuncio ______________________
6. tus regalos ______________________
7. mis trajes ______________________
8. mi fiesta ______________________

Nombre ______________________ Fecha ______________________

C Contesta usando un pronombre posesivo.

1. ¿Tienes mi dirección?

2. ¿Tienes nuestro número de móvil?

3. Yo tengo tu dirección, ¿no?

4. Yo tengo tu número de móvil, ¿no?

5. ¿Has hablado con tus padres?

6. ¿Han hablado tus amigos con sus padres?

7. ¿Tú has hablado con sus padres también?

8. Mi cumpleaños es el diez de octubre. ¿Cuándo es tu cumpleaños?

D Escribe cada frase usando un pronombre posesivo.

1. Tengo *mis boletos* pero no sé donde están *los boletos de José.*

   ___

2. Carlos está buscando *mis maletas* y *sus maletas.*

   ___

3. —No sé donde he puesto *mi pasaporte.* Eduardo, ¿tienes *tu pasaporte*?

   —Sí, tengo *mi pasaporte.*

   —¿Es posible que tengas *mi pasaporte* también?

   —¡Déjame ver! Sí, tienes suerte. Tengo *nuestros pasaportes.*

   ___

4. —Yo creo que *mi cámara* toma mejores fotos que *la cámara de Susana.*

   —Pues, no sé. Pero no hay duda que *tu cámara* toma mejores fotos que *mi cámara.*

   ___

5. María dice que prefiere *nuestro apartamento* pero no sé por qué. La verdad es que yo prefiero *su apartamento. Su apartamento* es más grande y soleado que *nuestro apartamento.*

   ___

6. ¿Piensan ustedes vender *su carro*?

   ___

Nombre ______________________ Fecha ______________________

Integración

¡A leer más!

A Lee el siguiente anuncio.

B Explica en inglés de lo que se trata el anuncio.

____

____

____

____

____

Nombre ______________________ Fecha ______________________

Integración

A Lee el anuncio nupcial.

> Michel Claverie Balet, Marta Jaramillo de Claverie, Pedro Aspillaga Salas y Ana María Barros de Aspillaga participan a usted el matrimonio de sus hijos Rodrigo Aspillaga Barros y María Paz Claverie Jaramillo y lo invitan a la ceremonia religiosa que se efectuará, con misa, en la Iglesia de los Sagrados Corazones de Alameda (Avda. Bernardo O'Higgins 2062), el día viernes, 17 de mayo a las 20 horas.

B Contesta en español.

1. ¿Quiénes se casan?

   ____

2. ¿Cuándo? Y, ¿a qué hora?

   ____

3. ¿Dónde?

   ____

   ____

C ¿Cómo se expresa en español en el anuncio?

1. inform you ______________________
2. will take place ______________________

D Mira el nombre del novio.

1. Escríbelo. ______________________
2. ¿Cuál es el nombre de familia de su padre? ______________________
3. ¿Cuál es el nombre de familia de su madre? ______________________

E Mira el nombre de la novia.

1. Escríbelo. ______________________
2. ¿Cuál es el nombre de familia de su padre? ______________________
3. ¿Cuál es el nombre de familia de su madre? ______________________

Nombre ______________________ Fecha ______________________

Integración

A Lee la siguiente esquela que anuncia la muerte de tres personas.

†

D. Tomás Romero Romero

Presidente de Parkestil S.Coop.C.Ltda.

y sus hijos

Tomás Romero Allueva

y

M.ª Isabel Romero Allueva

Han fallecido en Barcelona, en accidente, el día 21 de mayo.

Sus afligidos: esposa, María Isabel Allueva, padres y demás familia, comunican tan sensible pérdida y desean un eterno descanso para sus almas.

El entierro tendrá lugar hoy, día 23 de mayo, a las 11 horas. La salida del cortejo fúnebre se efectuará desde la Residencia de los Príncipes de España de Bellvitge (Hospitalet).

No se invita particularmente.

Barcelona, 23 de mayo

B Escribe en español un artículo para el periódico sobre la tragedia.

____

____

____

____

____

Nombre ______________________ Fecha ______________________

Tarea

Introduction Authors often use figurative language to facilitate the reader's ability to form a mental picture of the mood and the action in a poem or story. In the poem *El hermano ausente en la cena de Pascua* that you have just read, Abraham Valdelomar uses descriptive vocabulary that "paints" the somber mood of the poem and allows the reader to visualize the scene. The reader "sees" the table, the mother, the food, and the maid, and "feels" the sadness as if he or she were part of the scene.

Task Write a paragraph in which you explain in detail the scene from the poem to someone who has not read the poem.

How

- Use the diagram below to help you organize your ideas by listing the people, things, or emotions you will describe, followed by the figurative language used by the author that helped you to imagine the scene.
- Create a draft and read it to a classmate for feedback. Use this feedback to revise your paragraph.
- Write your final paragraph.

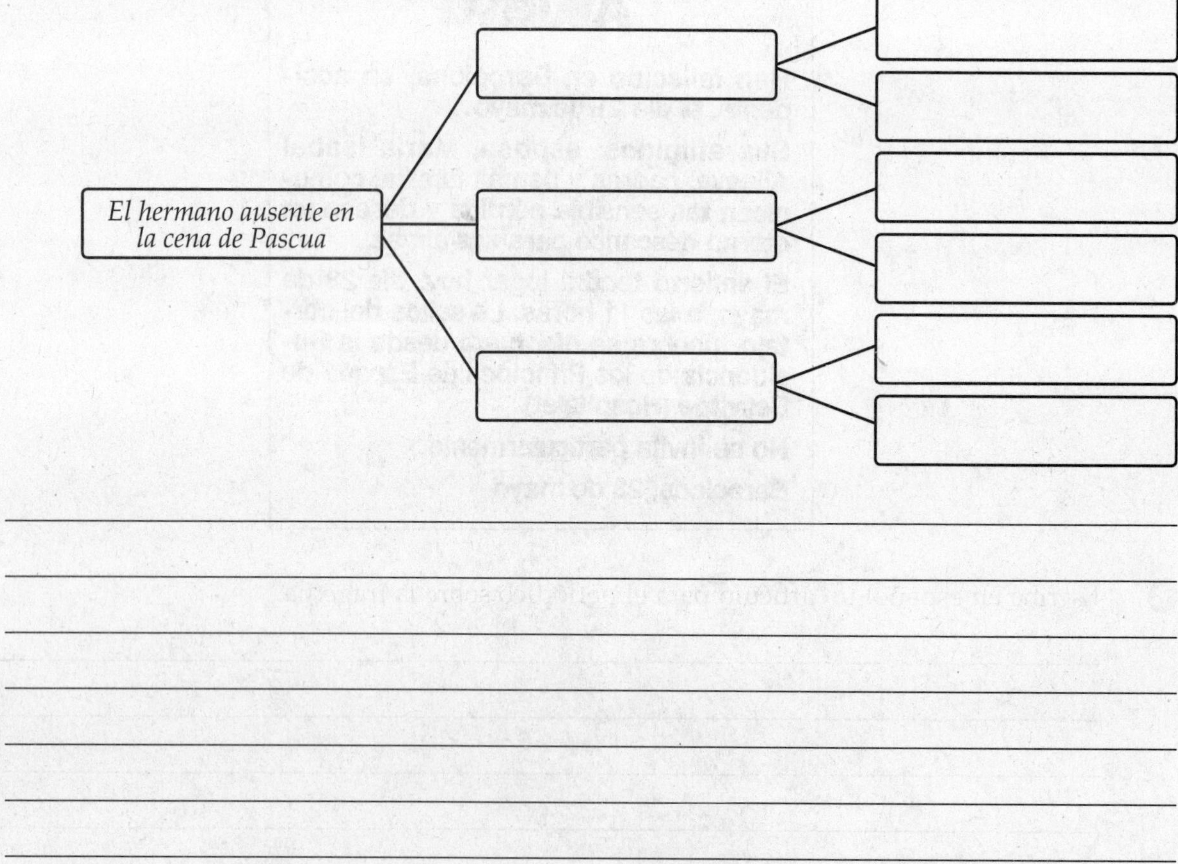

____

____

____

____

____

____

____

Nombre ______________________ Fecha ______________________

Pasajes de la vida

Vocabulario 1

Actividad A Listen and repeat.

Actividad B Listen and choose.

1. a b
2. a b
3. a b
4. a b
5. a b

Actividad C Listen and choose.

	sí	no
1.	☐	☐
2.	☐	☐
3.	☐	☐
4.	☐	☐
5.	☐	☐
6.	☐	☐
7.	☐	☐

Actividad D Listen and choose.

1. a b c
2. a b c
3. a b c
4. a b c
5. a b c

Nombre ______________________ Fecha ______________________

Vocabulario 2

Actividad E Listen and repeat.

Actividad F Listen and repeat.

Actividad G Listen and choose.

	correcta	incorrecta
1.	☐	☐
2.	☐	☐
3.	☐	☐
4.	☐	☐
5.	☐	☐
6.	☐	☐
7.	☐	☐
8.	☐	☐

Actividad H Listen and answer.

Actividad I Listen and answer.

Nombre ______________________ Fecha ______________________

Gramática

Actividad A Listen and speak.

Actividad B Listen and answer.

Actividad C Listen and speak.

Actividad D Listen and answer.

Actividad E Listen and answer.

Actividad F Listen and speak.

Actividad G Listen and speak.

Actividad H Listen and choose.

1. a b c
2. a b c
3. a b c
4. a b c
5. a b c

Actividad I Listen and answer.

Nombre ______________________ Fecha ______________________

Conversación

Actividad A Listen.

Actividad B Listen and choose.

	sí	no
1.	☐	☐
2.	☐	☐
3.	☐	☐
4.	☐	☐
5.	☐	☐
6.	☐	☐

Nombre ______________________ Fecha ______________________

Lectura cultural

Actividad A Listen.

Actividad B Listen and choose.

1. ☐ Una ceremonia acompaña casi todos los pasajes de la vida.
2. ☐ Los padrinos son siempre parientes de la familia del bebé.
3. ☐ Los jóvenes judíos reciben su bat mitzvah a los trece años.
4. ☐ La edad legal para contraer matrimonio en España y Latinoamérica varía de un país a otro.
5. ☐ Los españoles y latinoamericanos se están casando más jóvenes que antes.
6. ☐ En algunos países el matrimonio civil es obligatorio.
7. ☐ Una amiga íntima de la novia siempre le sirve de dama de honor.
8. ☐ El último pasaje de la vida es la muerte.
9. ☐ En España y Latinoamérica todas las familias tienen un velorio en casa del difunto.
10. ☐ El entierro se efectúa en el cementerio.

Literatura

Actividad A Listen.

Nombre ______________________ Fecha ______________________

Integración

¡A escuchar más!

Actividad A Listen.

Actividad B Listen and write.

1. ______________________
2. ______________________
3. ______________________
4. ______________________

Actividad C Listen and choose.

1. a b c
2. a b c
3. a b c

Repaso cumulativo

Actividad A Listen and choose.

	correcta	incorrecta
1.	☐	☐
2.	☐	☐
3.	☐	☐
4.	☐	☐

	correcta	incorrecta
5.	☐	☐
6.	☐	☐
7.	☐	☐
8.	☐	☐

CAPÍTULO

4

Quehaceres

Nombre ______________________ Fecha ______________________

Quehaceres

Vocabulario

A Escoge la frase correcta.

1. ☐ **a.** José necesita un champú y va a la peluquería.
   ☐ **b.** José necesita un champú y va a la lavadora.
2. ☐ **a.** Carlos no tiene el pelo muy largo. Solo necesita un corte.
   ☐ **b.** Carlos no tiene el pelo muy largo. Solo necesita un recorte.
3. ☐ **a.** Julia tiene que llevar su ropa sucia a la lavandería.
   ☐ **b.** Julia tiene que llevar su ropa arrugada a la lavandería.
4. ☐ **a.** Mi ropa está sucia. ¿Dónde está la plancha?
   ☐ **b.** Mi ropa está arrugada. ¿Dónde está la plancha?
5. ☐ **a.** Para echar una tarjeta postal hay que ponerle sellos.
   ☐ **b.** Para echar una tarjeta postal hay que ponerle suelto.
6. ☐ **a.** Se puede cambiar las monedas en sellos.
   ☐ **b.** Se puede cambiar los billetes en monedas.
7. ☐ **a.** Si no hay buzón, tendrás que ir al cajero.
   ☐ **b.** Si no hay buzón, tendrás que ir al correo.
8. ☐ **a.** Hay que mantener un saldo en tu cuenta corriente.
   ☐ **b.** Hay que mantener cheques en tu cuenta corriente.
9. ☐ **a.** Si necesitas dinero tendrás que pedir un préstamo.
   ☐ **b.** Si necesitas dinero tendrás que abrir una cuenta corriente.
10. ☐ **a.** La tasa de interés de un préstamo a largo plazo es más baja que un préstamo a corto plazo.
    ☐ **b.** La tasa de interés de un préstamo a largo plazo es más alta que un préstamo a corto plazo.

B Subraya la palabra que no pertenece.

1. el corte	el recorte	la peluquería	el jabón en polvo
2. el lavado	el suelto	el detergente	el jabón en polvo
3. arrugado	planchar	sucio	la plancha
4. el préstamo	el sobre	el buzón	los sellos
5. la cuenta corriente	el cheque	el saldo	la moneda
6. el banco	el cajero automático	el suelto	el recorte

Nombre ______________________ Fecha ______________________

C Completa.

1. José tiene el pelo corto y solo necesita un ______________ pero su amigo lo tiene muy largo y necesita un ______________.
2. Ellos van a ______________ cuando tienen el pelo largo.
3. «El lavado» significa ______________.
4. Hay que llevar el lavado a ______________.
5. Para lavarlo bien hay que poner detergente o un ______________ de jabón en ______________ en la lavadora.
6. A mucha gente no le gusta nada ______________ su ropa arrugada.
7. Si quieres echar la carta tienes que ponerle ______________.
8. Puedes echar la carta en el ______________ que está en la esquina. Si no hay tendrás que ir al ______________.
9. El dinero en efectivo consta de ______________ y ______________. ______________ tienen más valor que ______________.
10. Para pagar con cheque tienes que tener ______________ en el banco.

D Completa cada palabra para deletrearla bien.

1. la ta____ de interés a largo pla____o
2. endo____ar un che____ o pagar con una tar____eta de crédito
3. los se____os y los bi____etes y las estampi____as
4. el ____obre en el bu____ón
5. el ____abón en pol____o y el deter____ente
6. el la____ado o la ropa su____ia
7. el la____ado en la la____adora en la la____andería

E Contesta.

1. ¿Cuándo van los jóvenes a la peluquería?

____

2. ¿Qué les hace el/la peluquero(a)?

____

3. ¿Qué es el lavado?

____

4. ¿Adónde tienes que llevar el lavado?

____

5. ¿En qué lo tienes que poner?

____

6. ¿Qué tienes que añadir para que salga limpio?

____

7. ¿Qué haces si la ropa sale arrugada y quieres llevarla a una fiesta?

____

8. ¿Por qué está muy apresurado el muchacho?

____

E Usa cada expresión en una frase original.

1. el correo

____

2. el buzón

____

3. el dinero en efectivo

____

4. una cuenta corriente

____

5. un préstamo

____

6. la tasa de interés

____

Nombre ______________________ Fecha ______________________

Gramática

El subjuntivo con expresiones de duda

A Escoge.

1. Dudo que él lo (sabe, sepa).
2. No creo que él lo (sabe, sepa).
3. Pero ellos creen que él lo (sabe, sepa).
4. Ellos están seguros que él lo (sepa, sabe).
5. Pero la verdad es que no es cierto que él lo (sabe, sepa).

B Completa con la forma apropiada del verbo.

1. Es dudoso que ellos ______________________ venir. (poder)
2. No estoy seguro que ella ______________________ la fecha. (saber)
3. Creo que ellos ______________________ que trabajar. (tener)
4. No creo que ellos ______________________ libres. (estar)
5. No dudo que ellos ______________________ asistir. (querer)
6. No hay duda que tú ______________________. (asistir)
7. No hay duda. Es cierto que yo ______________________ a asistir. (ir)
8. Yo creo que Teresa ______________________ muchas ganas de verte. (tener)

C Escribe una frase original introducida por cada una de las expresiones siguientes.

1. Creo ____.
2. Ellos dudan ____.
3. José no duda ____.
4. Es cierto ____.
5. Es dudoso ____.
6. Estoy seguro ____.

Nombre ______________________ Fecha ______________________

Gramática

El subjuntivo en cláusulas adverbiales

A Completa con el verbo **ir.**

—Te digo que Marta irá para que ________(1) tú. Ella no irá sin que ________(2) (tú). Ella se quedará en casa a menos que ________(3) tú.

—Luego me estás diciendo que con tal de que (yo) ________(4), ella irá.

B Completa con la forma apropiada del verbo.

1. Ella enseña de manera que nosotros ________. (aprender)
2. Yo le daré el dinero para que él ________ hacer el viaje. (poder)
3. Yo no voy a pagar a menos que ellos ________ por lo menos una parte. (pagar)
4. Ellos irán con tal de que ________ nosotros. (ir)
5. Él trabaja tanto de manera que sus hijos ________ bien y para que ________ un futuro feliz. (vivir, tener)

C Usa cada expresión en una frase original.

1. a menos que

____

2. de manera que

____

3. para que

____

4. con tal de que

____

5. sin que

____

Nombre ______________________ Fecha ______________________

Otros tiempos compuestos

El pluscuamperfecto, el condicional perfecto y el futuro perfecto

A Parea.

1. ______ decir	**a.** puesto
2. ______ hacer	**b.** abierto
3. ______ ver	**c.** hecho
4. ______ escribir	**d.** visto
5. ______ poner	**e.** cubierto
6. ______ romper	**f.** escrito
7. ______ volver	**g.** muerto
8. ______ morir	**h.** roto
9. ______ abrir	**i.** dicho
10. ______ cubrir	**j.** vuelto

B Contesta.

1. Ellos salieron el jueves. ¿Ya habías salido?

____

2. ¿Ya habían terminado ustedes el trabajo?

____

____

3. ¿Ya había escrito Elena la carta?

____

4. ¿Ya habías hecho la maleta?

____

5. ¿Ya habían comprado los boletos tus amigos?

____

____

Nombre ______________________ Fecha ______________________

C Contesta según el modelo.

MODELO **—¿Lo habrías hecho?**
—Sí, lo habría hecho pero ya lo había hecho.

1. ¿Lo habrías comprado?

____

____

2. ¿Lo habrías vendido?

____

____

3. ¿Lo habrías dicho?

____

____

4. ¿Lo habrías devuelto?

____

____

5. ¿Lo habrías preparado?

____

____

D Escribe una frase original según el modelo.

MODELO **ellos / ir →**
Ellos habrían ido pero no fueron porque ya habían ido.

1. yo / visitar / Córdoba

____

____

2. ellos / ir / banco

____

____

3. ella / lavar / ropa

____

____

4. nosotros / pedir / préstamo

____

____

5. tú / decir / respuesta

____

____

6. ustedes / ayudar

____

____

7. ella / hacer / viaje

____

____

8. yo / salir

____

____

Nombre ________________________ Fecha ________________________

Integración

¡A leer más!

A Lee el siguiente artículo que trata de asuntos bancarios importantes.

Los servicios que te pueden ofrecer un banco son importantes y variados. Si tiene una cuenta corriente puedes pagar todas tus facturas electrónicamente en línea. Pero hay que tener cuidado porque es necesario que tengas suficientes fondos o dinero en tu cuenta para cubrir todos los cargos que quieres deducir. En cualquier momento puedes acceder tu estado de cuenta para verificar tu saldo.

Puedes abrir también una cuenta de ahorros si no quieres gastar todo el dinero que ganas, o sea tus ingresos. Depositas el dinero en la cuenta de ahorros y el banco te paga interés. Así va subiendo el saldo de tu cuenta y vas haciéndote más rico. Todos aconsejan que empieces a ahorrar dinero cuando eres muy joven. Es una buena práctica.

B Parea.

1. ______ checking account	**a.** la cuenta de ahorros
2. ______ funds	**b.** el estado de cuenta
3. ______ charges	**c.** los fondos
4. ______ account statement	**d.** los ingresos
5. ______ balance	**e.** la cuenta corriente
6. ______ savings account	**f.** los cargos
7. ______ income	**g.** el saldo

C Según el anuncio, ¿cuál es una buena práctica? ¿Estás de acuerdo o no? Explica.

____

____

____

____

____

Nombre ______________________ Fecha ______________________

Tarea

Introduction Knowing how to budget your money is an important life skill. A budget helps you to insure that your expenses do not exceed your income. Your expenses include anything that you pay for: food, gas, clothes, entertainment, phone, rent, etc. Your income is any money that you earn.

Imagine that you and some of your classmates are preparing for a trip to Mexico with your Spanish teacher. Your teacher has asked each of you to prepare a budget to help you plan for your expenses and avoid running out of money. He/She has given you a list of expenses that you will have in Mexico, but it is up to you to decide what activities you may want to take part in and what purchases you may want to make in addition to the expenses on the list.

Task Prepare a budget that shows your available funds and your projected expenses while on the trip. Then write a paragraph that indicates what activities and things you believe you will be able to afford and what you doubt you will be able to afford.

How

- Use the chart below to help you organize your budget. Write the amount that you have to spend, then subtract your expenses from that amount.
- Use the information from your budget to write a paragraph that explains your beliefs and doubts about your budget. Proofread and revise your paragraph.
- Write your final paragraph.

fondos disponibles:	
	$
egresos requiridos:	
transporte público	$40
entradas a los museos	$30
almuerzos	$50
egresos posibles:	
meriendas	$
sellos/correo	$
lavandería	$
lo que quiero hacer en México:	
	$
	$
	$
lo que quiero comprar en México:	
	$
	$
	$

Nombre ______________________ Fecha ______________________

Quehaceres

Vocabulario

Actividad A Listen and repeat.

Actividad B Listen and choose.

	correcta	incorrecta
1.	☐	☐
2.	☐	☐
3.	☐	☐
4.	☐	☐
5.	☐	☐
6.	☐	☐
7.	☐	☐
8.	☐	☐

Actividad C Listen and choose.

1. a b c

2. a b c

3. a b c

4. a b c

5. a b c

6. a b c

7. a b c

8. a b c

Actividad D Listen and choose.

1. a b

2. a b

3. a b

4. a b

5. a b

Nombre ______________________ Fecha ______________________

Gramática

Actividad A Listen and speak.

Actividad B Listen and speak.

Actividad C Listen and answer.

Actividad D Listen and speak.

Actividad E Listen and answer.

Actividad F Listen and speak.

Actividad G Listen and speak.

Actividad H Listen and speak.

Actividad I Listen and speak.

Actividad J Listen and answer.

Actividad K Listen and answer.

Actividad L Listen and answer.

Nombre ______________________ Fecha ______________________

Conversación

Actividad A Listen.

Actividad B Listen and choose.

	sí	no
1.	☐	☐
2.	☐	☐
3.	☐	☐
4.	☐	☐
5.	☐	☐
6.	☐	☐
7.	☐	☐
8.	☐	☐
9.	☐	☐
10.	☐	☐

Nombre ____________________ Fecha ____________________

Lectura cultural

Actividad A Listen.

Actividad B Listen and choose.

dijeron

vista

cursos

ocupado

velo

sabe

sale

pasear

llevar

lavar

sin

cuento

Actividad C Listen and write.

Andalucía

____

____

____

dinero

____

____

____

Integración

¡A escuchar más!

Actividad A Listen.

Actividad B Listen and choose.

	sí	no
1.	☐	☐
2.	☐	☐
3.	☐	☐
4.	☐	☐
5.	☐	☐
6.	☐	☐
7.	☐	☐
8.	☐	☐

Actividad C Listen and choose.

1. **a.** a budget
   b. a purpose
   c. a loan
2. **a.** income
   b. expenses
   c. exits
3. **a.** diners
   b. wealthy people
   c. bankers
4. **a.** a package of good values
   b. a good budget
   c. the stock market
5. **a.** on location
   b. in installments (over time)
   c. in cash
6. **a.** any loan
   b. a mortgage
   c. a hypocrite

Nombre ________________ Fecha ________________

Repaso cumulativo

Actividad A Listen and choose.

	sí	no
1.	☐	☐
2.	☐	☐
3.	☐	☐
4.	☐	☐
5.	☐	☐

CAPÍTULO

5

¿Buenos o malos modales?

Nombre ____________________ Fecha ____________________

¿Buenos o malos modales?

Vocabulario

A Indica si la información es correcta o no.

	correcta	incorrecta
1. Todos permanecen sentados cuando otra persona llega.	☐	☐
2. Para levantarse es necesario ponerse de pie.	☐	☐
3. Muchas veces los señores se dan la mano cuando se conocen.	☐	☐
4. Darse la mano y abrazarse son las mismas acciones.	☐	☐
5. Las muchachas se dieron un besito en la mejilla cuando se vieron.	☐	☐
6. José no quería pagar la cuenta en el restaurante porque fue él quien había invitado a su amigo.	☐	☐
7. La madre se enfada cuando su hijo se comporta bien.	☐	☐
8. Los dos amigos se abrazan cuando se despiden.	☐	☐

B Parea las palabras relacionadas.

1. _______ sentarse	**a.** un besito
2. _______ saludar	**b.** el comportamiento
3. _______ besar	**c.** sentado
4. _______ abrazar	**d.** el invitado
5. _______ conocer	**e.** un saludo
6. _______ invitar	**f.** un conocido
7. _______ comportar	**g.** un abrazo
8. _______ castigar	**h.** el castigo

C Completa con una palabra apropiada.

1. Alguien llegó y todos los que estaban ____________________ en la sala se levantaron.
2. Las señoras se dan un ____________________ en la mejilla.
3. Los dos amigos se dieron un ____________________ cuando se despidieron.
4. ¡No lo puedo creer! Me ____________________ mucho lo que haces. No te comportas bien.
5. Carlos. Dame la cuenta. Quiero pagar porque yo te ____________________.

6. La madre se ____________ porque su hijito se comportó mal y ella lo ____________.

7. Él me dio la ____________ cuando lo conocí.

D Contesta.

¿Cuáles son tres maneras en que la gente puede saludarse y despedirse?

1. ______________________
2. ______________________
3. ______________________

E Da otra palabra o expresión que significa la misma cosa.

1. ponerse de pie ____________
2. portarse ____________
3. besar ____________
4. dar un abrazo ____________
5. enojarse ____________

F Usa cada palabra o expresión en una frase original.

1. darle la mano

____

2. darle un besito

____

3. abrazarse

____

4. levantarse

____

5. comportarse

____

6. enamorado(a)

____

G Escribe un párrafo en que describes un encuentro entre unos amigos hispanos.

____

____

____

____

Nombre _______________ Fecha _______________

Gramática

El imperfecto del subjuntivo

A Da la forma de **yo** del imperfecto del subjuntivo del verbo.

1. yo habl_______________
2. yo beb_______________
3. yo viv_______________
4. yo pid_______________
5. yo conoc_______________
6. yo devolv_______________
7. yo dij_______________
8. yo conduj_______________

B Da la forma de **ustedes** del imperfecto del subjuntivo del verbo.

1. comprar _______________
2. vender _______________
3. escribir _______________
4. estar _______________
5. tener _______________
6. querer _______________
7. hacer _______________
8. poder _______________
9. saber _______________
10. traer _______________

C Escribe una frase según el modelo.

MODELO **ellos / no volver →**
Me sorprendió que ellos no volvieran.

1. ellos / no llegar

____

2. tú / salir

____

3. ustedes / no hacerlo

____

4. él / no saberlo

____

5. ella / no devolverlo

____

6. tú / no pedirlo

____

D Completa con la forma correcta del verbo.

1. Él insistió en que nosotros nos ______________________. (levantar)
2. Insistió en que nosotros ______________________. (venir)
3. Yo quería que él nos ______________________. (ver)
4. Ellos estaban contentos que nos ______________________. (ver)
5. Yo dudaría que ella no le ______________________. (hablar)
6. Teníamos miedo de que ellos no ______________________ llegar a tiempo. (poder)
7. Fue necesario que él ______________________ al tanto de todo. (estar)
8. Su madre siempre insistía en que el niño ______________________ bien y que ______________________ buenos modales. (comportarse, tener)
9. El niño no quería que su mamá lo ______________________. (castigar)
10. Yo no quería que tú se lo ______________________. (decir)
11. Yo preferiría que nosotros mismos lo ______________________. (hacer)
12. Ella nos enseñó de manera que ______________________. (aprender)

E Cambia el verbo principal al imperfecto y haz los cambios necesarios.

1. No quiero que él lo haga.

   ____

2. Prefieren que no salgamos.

   ____

3. Es necesario que ellos lo sepan.

   ____

4. Dudo que él venga.

   ____

5. Tenemos miedo de que ella esté enferma.

   ____

6. Insisten en que lo terminemos pronto.

   ____

Nombre ______________________ Fecha ______________________

F Completa.

1. Yo quería que ______________________.
2. Ellos insistieron en que ______________________.
3. Fue importante que ______________________.
4. Me sorprendió que ______________________.
5. Estaban contentos que ______________________.
6. Temía que ______________________.
7. No creía que ______________________.
8. Nos alegró de que ______________________.

G Completa con la forma correcta del verbo.

hablar

1. **a.** Yo quiero que ustedes ______________ español.
   b. Yo quería que ustedes ______________ español.
   c. Yo preferiría que ustedes ______________ español.
   d. Yo sé que él querrá que ustedes ______________ español.

salir

2. **a.** Ellos preferirían que tú no ______________.
   b. Los otros prefieren que tú ______________.
   c. Mamá querrá que tú no ______________.
   d. Yo prefería que tú no ______________.

saber

3. **a.** Es importante que ella lo ______________.
   b. Sería necesario que ella lo ______________.
   c. Ellos dudan que ella lo ______________.
   d. La verdad es que preferían que ella no lo ______________.

H Escribe un párrafo en que explicas lo que fue importante que hicieras la semana pasada.

____

____

____

____

Nombre ______________________ Fecha ______________________

Gramática

Subjuntivo o infinitivo

A Completa.

1. Yo quiero ______________________.
2. Ellos quieren ______________________.
3. Nosotros preferimos ______________________.
4. Él insiste en que ______________________.
5. Yo espero ______________________.
6. Ellos tienen ganas de ______________________.

B Contesta según el modelo.

MODELO **—¿Quieres que ellos lo hagan?**
—No, yo quiero hacerlo.

1. ¿Quieres que ellos salgan?
   ____
2. ¿Prefieres que yo lo haga?
   ____
3. ¿Insistes en que ellos paguen?
   ____
4. ¿Querías que ellos fueron?
   ____
5. ¿Preferías que yo preparara la comida?
   ____

C Completa con la forma apropiada del verbo.

1. Yo quiero ______________. (ir)
2. Yo quiero que tú ______________. (ir)
3. Es necesario ______________ con él. (hablar)
4. Es necesario que tú ______________ con él. (hablar)
5. Preferimos ______________ lo que está pasando. (saber)
6. Preferimos que tú ______________ lo que está pasando. (saber)
7. Me alegro de ______________ aquí. (estar)
8. Me alegro de que tú ______________ aquí. (estar)

Nombre ____________________ Fecha ____________________

Sufijos

A Escribe la forma diminutiva.

1. el niño ____________________
2. la niña ____________________
3. el hijo ____________________
4. la hija ____________________
5. el chico ____________________
6. la chica ____________________
7. el árbol ____________________
8. el animal ____________________
9. el parque ____________________
10. la calle ____________________
11. el coche ____________________
12. el jardín ____________________
13. el balón ____________________
14. el café ____________________

Nombre ________________________ Fecha ________________________

Tarea

Introduction During the Middle Ages, the rebellion and discomfort in changing societies caused authors to write collections of stories that could be used to teach people how to behave in both their public and private lives. *El Conde Lucanor* is an example of this kind of literature, similar to *Aesop's Fables.* When Don Juan Manuel wrote this collection in the fourteenth century, he designed it so that people who read it would be entertained by the stories or "fables" and would also learn from them. To accomplish this he often included elements of humor.

Task With a partner you are going to write a fable and illustrate it in poster or booklet format. Some possible modern day topics are: marrying for money, gender equality in relationships, independence for women, being overly aware of the impressions of others, materialism, etc.

How

- Create a list of main ideas you want to include.
- Discuss how you would illustrate these ideas.
- Use the diagram below to arrange the sequence of events in your fable.
- Create a rough copy and then a final copy of your fable.
- Present and explain your fable to the class.

At the end of your fable, be sure to write a moral that restates its main idea.

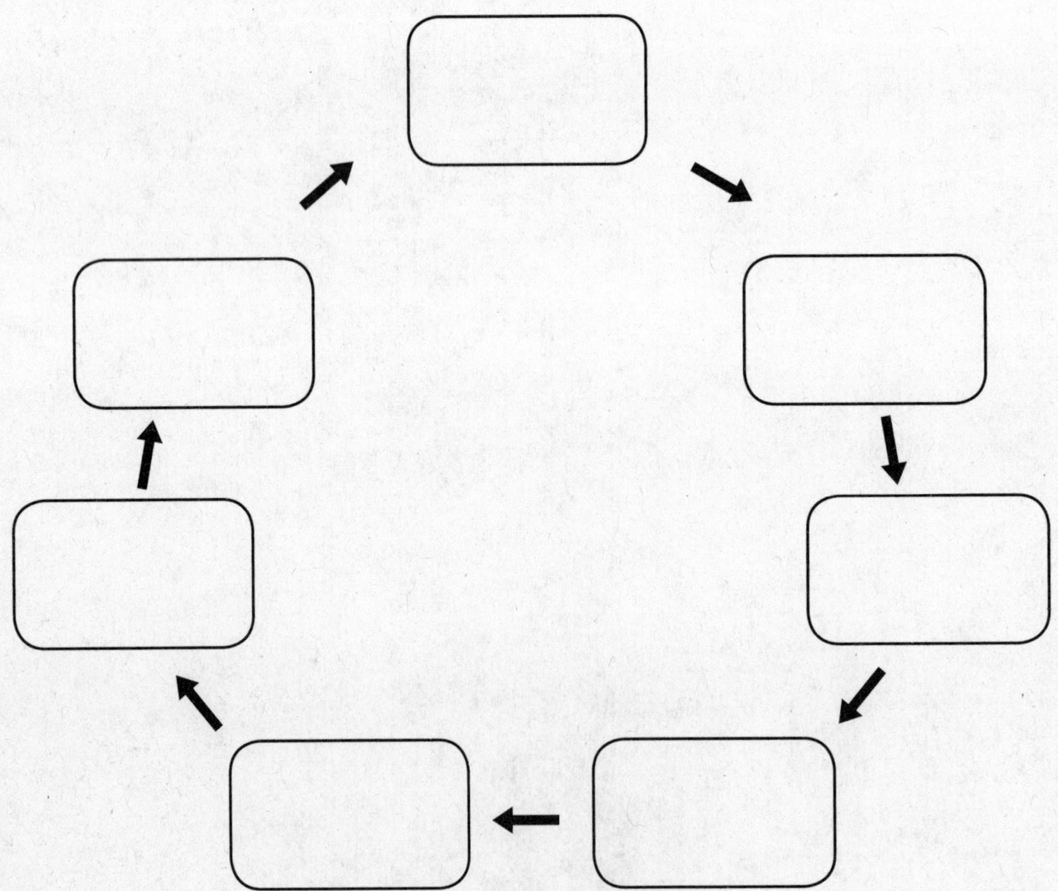

Nombre ______________________ Fecha ______________________

Nombre ______________________ Fecha ______________________

¿Buenos o malos modales?

Vocabulario

Actividad A Listen and repeat.

Actividad B Listen and choose.

	a	b		a	b
1.	☐	☐	4.	☐	☐
2.	☐	☐	5.	☐	☐
3.	☐	☐			

Actividad C Listen and choose.

	sí	no		sí	no
1.	☐	☐	5.	☐	☐
2.	☐	☐	6.	☐	☐
3.	☐	☐	7.	☐	☐
4.	☐	☐	8.	☐	☐

Actividad D Listen and choose.

	sí	no		sí	no
1.	☐	☐	5.	☐	☐
2.	☐	☐	6.	☐	☐
3.	☐	☐	7.	☐	☐
4.	☐	☐	8.	☐	☐

Actividad E Listen and choose.

	sí	no		sí	no
1.	☐	☐	4.	☐	☐
2.	☐	☐	5.	☐	☐
3.	☐	☐			

Actividad F Listen and answer.

Nombre ______________________ Fecha ______________________

Gramática

Actividad A Listen and choose.

	presente del subjuntivo	imperfecto del subjuntivo
1.	☐	☐
2.	☐	☐
3.	☐	☐
4.	☐	☐
5.	☐	☐
6.	☐	☐
7.	☐	☐
8.	☐	☐
9.	☐	☐
10.	☐	☐
11.	☐	☐
12.	☐	☐
13.	☐	☐
14.	☐	☐

Actividad B Listen and choose.

	pretérito	imperfecto del subjuntivo
1.	☐	☐
2.	☐	☐
3.	☐	☐
4.	☐	☐
5.	☐	☐
6.	☐	☐
7.	☐	☐
8.	☐	☐
9.	☐	☐
10.	☐	☐
11.	☐	☐
12.	☐	☐

Actividad C Listen and speak.

Actividad D Listen and speak.

Nombre ______________________ Fecha ______________________

Actividad E Listen and answer.

Actividad F Listen and choose.

	1 (ningún cambio de sujeto)	2 (cambio de sujeto)
1.	☐	☐
2.	☐	☐
3.	☐	☐
4.	☐	☐
5.	☐	☐
6.	☐	☐
7.	☐	☐
8.	☐	☐

Actividad G Listen and answer.

Conversación

Actividad A Listen.

Actividad B Listen and choose.

	sí	no
1.	☐	☐
2.	☐	☐
3.	☐	☐
4.	☐	☐
5.	☐	☐
6.	☐	☐
7.	☐	☐
8.	☐	☐
9.	☐	☐
10.	☐	☐

Nombre ______________________ Fecha ______________________

Lectura cultural

Actividad A Listen.

Actividad B Listen, choose, and write.

1. ☐ Todas las culturas tienen sus propias tradiciones y costumbres.
2. ☐ Estas costumbres y tradiciones culturales no son muy importantes.
3. ☐ Una cultura es siempre superior a otra.
4. ☐ No hay una sola cultura hispana.
5. ☐ Los hispanos jóvenes se levantan cuando alguien llega o entra en la sala.
6. ☐ Cuando los señores se abrazan se dan unos golpes en la mano y en el brazo.

In English, describe the typical «besito» and its meaning.

____

____

Actividad C Listen.

Actividad D Listen and write.

1. el uso de «tú» y «usted» ____

____

2. el voseo ____

____

3. el uso de títulos ____

____

4. una tertulia ____

____

Actividad E Listen and choose.

	sí	no		sí	no
1.	☐	☐	5.	☐	☐
2.	☐	☐	6.	☐	☐
3.	☐	☐	7.	☐	☐
4.	☐	☐	8.	☐	☐

Literatura

Actividad A Listen.

Integración

¡A escuchar más!

Actividad A Listen.

Actividad B Listen and choose.

		sí	no
1.	Es un músico serio.	☐	☐
2.	Se considera una persona que a veces no tiene paciencia.	☐	☐
3.	Es un tipo nervioso.	☐	☐
4.	Le gusta comprender a la gente.	☐	☐
5.	Le enoja mucho el comportamiento que no puede entender.	☐	☐
6.	Según él, tiene pocos defectos.	☐	☐
7.	Es un tipo callado. No le gusta hablar.	☐	☐
8.	Es una persona bien organizada.	☐	☐
9.	Tiene talento para organizar a otros.	☐	☐
10.	Siempre sabe exactamente lo que está haciendo.	☐	☐
11.	Le molestan mucho la ignorancia y la hipocresía.	☐	☐
12.	Para él los deportes son una gran prioridad.	☐	☐

Nombre ____________________ Fecha ____________________

Repaso cumulativo

Actividad A Listen and choose.

	en avión	en tren
1.	☐	☐
2.	☐	☐
3.	☐	☐
4.	☐	☐
5.	☐	☐
6.	☐	☐
7.	☐	☐
8.	☐	☐

CAPÍTULO 6

Viajes

Nombre ______________________ Fecha ______________________

Viajes

Vocabulario 1

A Completa con una palabra del banco de palabras.

reclamar	técnico	disponibles	el talón	control	pesar
perdieron	la etiqueta	un límite	la pantalla	la aduana	hacer escala

1. ______________ lleva el destino del pasajero.
2. ______________ lleva el nombre del pasajero.
3. Los pasajeros tienen que pasar por ______________.
4. Hay ______________ de peso. Una maleta no puede ______________ más de 22 kilos.
5. El vuelo está completo. No hay asientos ______________.
6. ______________ indica las horas de las salidas y llegadas de los vuelos.
7. Algo no funciona en el avión. Hay un problema ______________.
8. Después de un vuelo internacional los pasajeros tienen que pasar por el ______________ de pasaportes.
9. Ellos ______________ su vuelo porque llegaron tarde al aeropuerto.
10. Tenemos que ______________ nuestro equipaje después de llegar al destino.

B Contesta.

1. En el avión, ¿prefieres un asiento en la ventanilla o en el pasillo?
____
2. ¿Qué pasajeros tienen que pasar por el control de pasaportes y por la aduana?
____
____
3. ¿Reclaman los pasajeros su equipaje en el aeropuerto de llegada o de salida?
____
4. ¿Llega el equipaje en una correa?
____

Nombre ______________________________ Fecha ______________________________

C Completa con una palabra apropiada.

1. Cada maleta debe tener ________________ y ________________.
   ________________ indica hasta donde está facturada la maleta y
   ________________ indica la dirección del pasajero si por acaso se pierde la maleta.
2. Hoy en día hay un ________________ de peso. Ninguna maleta puede
   ________________ más de 22 kilos.
3. Para ver la información sobre los vuelos se necesita consultar la ________________.
4. Un vuelo directo hace ________________ antes de continuar a su destino.
5. Si el vuelo no está ________________ hay asientos ________________.
6. Los pasajeros internacionales tienen que pasar por ________________ y
   ________________.
7. Antes de pasar por la aduana los pasajeros tienen que ________________ su equipaje para que los agentes de la aduana lo inspeccionen si lo consideran necesario.
8. El equipaje del vuelo 105 procedente de Panamá está llegando en la
   ________________ F.

D Contesta.

1. Cuando tomas un vuelo, ¿dónde prefieres sentarte?
   ____
   ____
2. ¿Qué puedes consultar si por una razón u otra no sabes a qué hora o de dónde va a salir tu vuelo?
   ____
3. ¿Por dónde tienen que pasar los pasajeros internacionales?
   ____
   ____
4. ¿Adónde van los pasajeros por su equipaje cuando llegan a su destino?
   ____
   ____

Nombre ______________________ Fecha ______________________

E Da una palabra relacionada.

1. sentarse ______________________
2. pasar ______________________
3. reclamar ______________________
4. limitar ______________________
5. volar ______________________
6. disponer ______________________

F Usa cada palabra o expresión en una frase original.

1. el talón

____

2. hacer escala

____

3. exceder

____

4. pesar

____

5. reclamar

____

6. la correa

____

G Escribe un párrafo en que explicas todo lo que tienes que hacer en el aeropuerto de salida.

____

H Escribe un párrafo en que explicas todo lo que tienen que hacer los pasajeros internacionales en el aeropuerto de llegada.

____

Nombre ______________________ Fecha ______________________

Vocabulario 2

A Parea.

1. ______ los suburbios a. rentar
2. ______ de largo recorrido b. las afueras
3. ______ de cerca c. chequear
4. ______ cambiar de tren d. cercano
5. ______ alquilar e. de larga distancia
6. ______ verificar f. transbordar

B Contesta.

1. ¿Adónde va el tren de cercanías?

____

2. ¿Adónde va el tren de largo recorrido?

____

3. ¿Qué quieren hacer los pasajeros que van a una agencia de alquiler?

____

4. Para conducir un carro, ¿es necesario tener una póliza de seguros?

____

5. ¿Qué es posible que tenga un carro que haya tenido un accidente?

____

C Completa con una palabra apropiada.

1. Si tienes que ir a los suburbios tienes que tomar el tren ______________________________.
2. Es el tren de ______________________________ que ______________________________ las grandes ciudades que no están cerca la una de la otra.
3. Los pasajeros que van de Madrid a Sitges tienen que ______________________________ en Barcelona.
4. Para rentar un carro (alquilar un coche) hay que ______________________________ un contrato.

5. En caso de un accidente los ____________________ son muy importantes. Es posible declinarlos si el individuo tiene su propia

____________________.

6. Un carro que ha tenido un accidente tiene ____________________ y

____________________.

7. Si estás conduciendo y quieres cambiar de carril para adelantar (rebasar) otro vehículo

debes mirar en el ____________________.

8. Una póliza de seguros contra ____________________ cubre todo—accidente, robo, heridas, etc.

D Contesta.

1. ¿Cuál es la diferencia entre un tren de cercanías y un tren de largo recorrido?

____

____

2. ¿Por qué tienen que transbordar algunos pasajeros?

____

____

3. Si quieres alquilar un coche, ¿cuándo puedes declinar los seguros?

____

4. ¿Qué tienes que firmar en la agencia de alquiler?

____

5. Si no quieres pagar por cada kilómetro que recorres, ¿qué tarifa debes tomar?

____

6. En una agencia de alquiler, ¿qué debes verificar antes de aceptar un vehículo?

____

7. ¿Cómo tienes que devolver el carro (el coche)?

____

E Escribe un párrafo en que explicas el proceso de alquilar un carro.

____

____

____

____

____

Nombre ______________________ Fecha ______________________

Gramática

El subjuntivo con conjunciones de tiempo

A Escoge.

1. Yo le hablaré en cuanto yo lo (veo, vea).
2. Ellos nos llamarán en nuestro móvil cuando (lleguen, llegarán).
3. Favor de dármelo tan pronto como (puedes, puedas).
4. ¿Vas a esperar hasta que (saldremos, salgamos)?
5. Yo le hablé en cuanto yo lo (vi, vea).
6. Ellos nos llamaron en cuanto (llegaron, llegaran).
7. Yo sé que me lo diste tan pronto como (puedas, pudiste).
8. Él esperó hasta que nosotros (salimos, salgamos).
9. Él lo hará antes de que nosotros lo (hacemos, hagamos).
10. Él lo hizo antes de que nosotros lo (hicimos, hiciéramos).

B Completa con la forma apropiada del verbo indicado.

1. Yo los veré cuando ______________ aquí. (estar)
2. Yo los vi cuando ______________ aquí. (estar)
3. Yo te avisaré en cuanto nosotros ______________ noticias. (recibir)
4. Yo te avisé en cuanto nosotros ______________ las noticias. (recibir)
5. No puedo esperar hasta que ______________ ellos. (llegar)
6. No pude esperar hasta que ______________ ellos. (llegar)
7. Él me llamará tan pronto como ______________ su boleto. (comprar)
8. Él me llamó tan pronto como ______________ su boleto. (comprar)
9. Ellos lo sabrán antes de que nosotros ______________. (salir)
10. Ellos lo sabían antes de que nosotros ______________. (salir)

C Completa.

1. Yo los veré cuando ______________.
2. Yo los vi cuando ______________.
3. Ellos me lo dirán en cuanto ______________.
4. Ellos me lo dijeron en cuanto ______________.
5. Yo estaré aquí hasta que ______________.
6. Yo esperé aquí hasta que ______________.
7. Ellos saldrán antes de que ______________.
8. Ellos salieron antes de que ______________.

Nombre ______________________ Fecha ______________________

D Escribe un párrafo en que explicas lo que harás cuando estés de vacaciones y lo que harán tú y tus amigos después de que terminen las clases.

Nombre ____________________ Fecha ____________________

Gramática

El subjuntivo con verbos especiales

A Completa con la forma apropiada de **hacer**.

1. Él nos aconseja que lo ____________________.
2. Él nos aconsejó que lo ____________________.
3. Te digo que lo ____________________.
4. Te dije que lo ____________________.
5. Les recomiendo que lo ____________________.
6. Les recomendé que lo ____________________.
7. Nos escriben que lo ____________________.
8. Nos escribieron que lo ____________________.

B Usa cada verbo en una frase original.

1. pedir
____
2. decir
____
3. rogar
____
4. sugerir
____
5. aconsejar
____
6. recomendar
____

C Escribe un párrafo en que explicas lo que tus padres te decían que hicieras cuando tenías diez años y lo que exigen que hagas ahora.

____
____
____
____

Nombre ______________________________ Fecha ______________________________

Gramática

Sustantivos irregulares

A Completa con **el** o **la**.

1. ______ clima
2. ______ águila
3. ______ ala
4. ______ planeta
5. ______ mano
6. ______ mapa
7. ______ arma
8. ______ drama
9. ______ hacha
10. ______ hambre

B Escribe los nombres de la Actividad A (con la excepción de **hambre**) en el plural.

1. ______________________
2. ______________________
3. ______________________
4. ______________________
5. ______________________
6. ______________________
7. ______________________
8. ______________________
9. ______________________

Nombre ______________________ Fecha ______________________

Tarea

Introduction The storyline of *Temprano y con sol* by Emilia Pardo Bazán was intentionally written with the events out of order. In order to understand the content of the story, it is helpful to determine the actual sequence of events. One way to do this is to use a diagram that clarifies and organizes the order in which the events actually occurred.

Task Rewrite the story *Temprano y con sol* for a younger audience in the correct time sequence and with simpler language when necessary.

How Use the diagram below or create one of your own in the space provided to help you sequence the events correctly.

Use the information you placed in your diagram to rewrite the story. Add illustrations to clarify the story if you feel it would make it easier for the reader to understand.

Nombre ______________________ Fecha ______________________

Viajes

Vocabulario 1

Actividad A Listen and repeat.

Actividad B Listen and choose.

	correcta	incorrecta
1.	☐	☐
2.	☐	☐
3.	☐	☐
4.	☐	☐
5.	☐	☐
6.	☐	☐
7.	☐	☐
8.	☐	☐

Actividad C Listen and choose.

	sí	no
1.	☐	☐
2.	☐	☐
3.	☐	☐
4.	☐	☐
5.	☐	☐
6.	☐	☐

Actividad D Listen and choose.

	sí	no
1.	☐	☐
2.	☐	☐
3.	☐	☐
4.	☐	☐
5.	☐	☐
6.	☐	☐
7.	☐	☐

Nombre ______________________ Fecha ______________________

Vocabulario 2

Actividad E Listen and repeat.

Actividad F Listen and choose.

1. a b c
2. a b c
3. a b c
4. a b c
5. a b c
6. a b c

Actividad G Listen and choose.

1. a b
2. a b
3. a b
4. a b
5. a b
6. a b

Actividad H Listen and choose.

	sí	no
1.	☐	☐
2.	☐	☐
3.	☐	☐
4.	☐	☐
5.	☐	☐
6.	☐	☐
7.	☐	☐
8.	☐	☐

Gramática

Actividad A Listen and choose.

	futuro	pasado
1.	☐	☐
2.	☐	☐
3.	☐	☐
4.	☐	☐
5.	☐	☐
6.	☐	☐
7.	☐	☐
8.	☐	☐

Actividad B Listen and answer.

Actividad C Listen and answer.

Actividad D Listen and choose.

1. a b
2. a b
3. a b
4. a b
5. a b
6. a b

Actividad E Listen and answer.

Actividad F Listen and repeat.

Actividad G Listen and answer.

Nombre ______________________ Fecha ______________________

Conversación

Actividad A Listen.

Actividad B Listen and choose.

1. a b
2. a b
3. a b
4. a b
5. a b
6. a b
7. a b

Nombre ______________________ Fecha ______________________

Lectura cultural

Actividad A **Listen.**

Actividad B **Listen, choose, and write.**

1. ☐ el aeropuerto en La Paz

2. ☐ la belleza de La Paz

3. ☐ el tráfico para ir a La Paz

4. ☐ un despegue de La Paz

5. ☐ la carretera entre La Paz y el lago Titicaca

6. ☐ las playas en las orillas del lago

7. ☐ los indígenas que viven a las orillas del lago

8. In English, explain all the information that was given about oxygen.

____

____

____

Integración

¡A escuchar más!

Actividad A Listen.

Actividad B Listen and choose.

	sí	no
1.	☐	☐
2.	☐	☐
3.	☐	☐
4.	☐	☐
5.	☐	☐
6.	☐	☐
7.	☐	☐
8.	☐	☐
9.	☐	☐

Actividad C Listen.

Actividad D Listen and choose.

1. a b
2. a b
3. a b
4. a b
5. a b

Repaso cumulativo

Actividad A Listen and choose.

	en el pasado	en el presente	en el futuro
1.	☐	☐	☐
2.	☐	☐	☐
3.	☐	☐	☐
4.	☐	☐	☐
5.	☐	☐	☐
6.	☐	☐	☐
7.	☐	☐	☐
8.	☐	☐	☐

CAPÍTULO

7

Arte y literatura

Nombre ____________________ Fecha ____________________

CAPÍTULO 7

Arte y literatura

Vocabulario 1

A Escoge la palabra apropiada del banco de palabras.

un pincel	el fondo	un taller	bronce	yeso	el caballete

1. El pintor o el escultor trabaja en ____________________.
2. El pintor usa ____________________ para aplicar los colores sobre el lienzo.
3. ____________________ es lo que se ve en la parte trasera del cuadro.
4. El artista pone su lienzo en ____________________ antes de empezar a pintar.
5. Muchas estatuas son de ____________________ y muchas cerámicas son de yeso.

B Completa con la letra que falta.

1. el lien______o
2. el pin______el
3. el cin______el
4. de bron______e
5. una ______erámica
6. el ta______er
7. el caba______ete
8. la acuare______a
9. el ó______eo
10. ta______a

C Completa con una palabra apropiada.

1. Dos tipos de pinturas son ____________________ y ____________________.
2. El pintor ____________________ y el escultor ____________________.
3. ____________________ y ____________________ son instrumentos importantes que utilizan los pintores y los escultores.
4. La ____________________ es del árbol.
5. El artista pinta sobre una ____________________ plana.

D Da la palabra cuya definición sigue.

1. lo que le da dimensión a un cuadro ______________________
2. la parte delantera de un cuadro ______________________
3. la parte trasera de un cuadro ______________________
4. una pintura a base de agua ______________________
5. una pintura a base de aceite ______________________
6. lugar o local donde trabajan los artistas ______________________

E Describe en tus propias palabras.

1. una obra figurativa
____
2. una obra abstracta
____
3. una naturaleza muerta
____
4. la perspectiva
____

F Usa cada palabra en una frase original.

1. el lienzo
____
2. el pincel
____
3. el cincel
____
4. tallar
____
5. pintar
____

Nombre ____________________ Fecha ____________________

G Da el contrario.

1. abstracto

   ____

2. el fondo

   ____

3. la parte delantera

   ____

4. los óleos

   ____

H Mira la foto en la sección **Vocabulario 1.** Escribe un párrafo en que describes en detalle lo que hace el artista y lo que usa para hacerlo.

____

____

____

____

____

____

Nombre ____________________ Fecha ____________________

Vocabulario 2

A Contesta.

1. ¿Cuál es más largo? ¿Una novela o un cuento?

2. ¿Quiénes son los protagonistas de la novela *El Ingenioso Hidalgo Don Quijote de la Mancha?*

3. ¿Dónde tiene lugar *El Quijote*?

4. ¿En qué se divide una novela?

5. ¿Quién escribe poesía?

B Da la palabra cuya definición sigue.

1. el personaje más importante de la obra ____________________
2. la acción en la novela ____________________
3. en lo que se divide la novela ____________________
4. cada línea de un poema ____________________
5. cada serie de líneas de un poema ____________________
6. algo que le da musicalidad a un poema ____________________

C Escribe una frase sobre cada uno.

1. *El Quijote* ____________________
2. Don Quijote y Sancho Panza ____________________
3. La Mancha ____________________
4. El cuentista Horacio Quiroga ____________________

D Escribe un párrafo en que describes tu novela o cuento favorito. Incluye detalles sobre el/la protagonista, el lugar y el argumento.

Nombre ______________________ Fecha ______________________

Gramática

El subjuntivo
Presente perfecto, pluscuamperfecto

A Completa la tabla con el presente perfecto del subjuntivo.

ella	haya hablado	______	______	______
ustedes	______	______	hayan abierto	______
nosotros	______	hayamos salido	______	______
yo	______	______	______	______
tú	______	______	______	hayas vuelto

B Completa la tabla con el pluscuamperfecto del subjuntivo.

yo	______	hubiera dicho	______	______
nosotros	______	______	______	hubiéramos vuelto
tú	hubieras llegado	______	______	______
usted	______	______	______	______
ustedes	______	______	hubieran hecho	______

C Completa con el presente perfecto del subjuntivo.

1. Es posible que ellos ya ______________________. (llegar)
2. Ellos dudan que yo lo ______________________. (ver)
3. ¿Te sorprende que nosotros lo ______________________? (hacer)
4. Me alegro de que ustedes ______________________ pasar tiempo juntos. (poder)
5. Temo que él lo ______________________. (dañar)

D Forma frases usando el presente perfecto del subjuntivo.

1. Espero que ______________________.
2. Estamos contentos que ______________________.
3. Ella duda que ______________________.
4. Es posible que ______________________.
5. ¿Temes que ______________________?
6. Nos sorprende que ______________________.
7. Me gusta que ______________________.

Nombre ______________________ Fecha ______________________

E Completa con el pluscuamperfecto del subjuntivo.

1. Ellos dudaron que ustedes ______________________ tal cosa. (decir)
2. Él insistió en que Carlos y yo ______________________. (terminar)
3. No pude creer que ellos no ______________________. (asistir)
4. No me sorprendió que él lo ______________________. (hacer)
5. Yo nunca habría creído que ellos ______________________ tanto éxito. (tener)

F Forma frases usando el pluscuamperfecto del subjuntivo.

1. sería posible que
____
2. no habríamos creído que
____
3. él dudó que
____
4. yo temía que
____
5. ellos se alegraban de que
____

Nombre ______________________ Fecha ______________________

Gramática

Cláusulas con si

A Escoge.

1. Si (tengo, tenga, tendré) tiempo, iré.
2. Si me (den, darán, dan) el dinero, lo compraré.
3. Si (puedo, podría, pudiera), lo haría.
4. Si nos (invitaron, invitaran, inviten), asistiríamos sin duda.
5. Si ellos (tuvieron, habían tenido, hubieran tenido) bastante dinero, habrían hecho el viaje.
6. Si yo (esté, estaría, hubiera estado) en Nueva York, habría ido al Museo del Barrio.

B Completa con la forma apropiada del verbo.

1. Ella no habría ido al hospital si no ______________________ un accidente. (tener)
2. Yo ______________________ novelista si pudiera escribir mejor. (ser)
3. Yo te daré el dinero si tú ______________________ devolvérmelo. (prometer)
4. Ellos irían a España si ______________________ el dinero. (tener)
5. Yo te habría comprado el cuadro si ______________________ que te gustaba tanto. (saber)
6. Nosotros lo ______________________ si tuviéramos un millón de dólares. (comprar)
7. Él me lo habría dicho si no ______________________ los resultados. (temer)
8. Ellos ______________________ si su padre no está enfermo. (venir)

C Escribe seis frases con **si**.

1. ____
2. ____
3. ____
4. ____
5. ____
6. ____

Nombre ______________________ Fecha ______________________

Gramática

Los adverbios que terminan en **-mente**

A Escribe las formas adverbiales.

1. fácil ______________________
2. sincero ______________________
3. principal ______________________
4. raro ______________________
5. económico ______________________
6. mental ______________________
7. físico ______________________
8. habitual ______________________
9. artístico ______________________
10. decente ______________________

B Escribe una frase original con cada una de las siguientes palabras en su forma adverbial.

1. reciente
____
2. usual
____
3. discreto
____
4. cuidadoso
____
5. triste
____

Nombre ______________________ Fecha ______________________

Tarea

Task You are an art critic for your school's Spanish language cable show. You have decided to present and critique the three versions of *Las Meninas* painted by Diego de Velázquez, Francisco de Goya, and Pablo Picasso.

How Look up the three versions of *Las Meninas* on the Internet. After reviewing the three versions of the painting, prepare a commentary using visual aids to compare and contrast the three works.

- Be sure to include a brief description of each artist's style, usage of color and form, and the year when each work was painted.
- Explain your own personal preferences for one or all of the pieces.
- You may also wish to include a commentary of one other work by each artist, painted in the same style used for their version of *Las Meninas.*
- Use a diagram to help you organize your commentary. See the two suggestions, but feel free to create your own.

Diagram 1

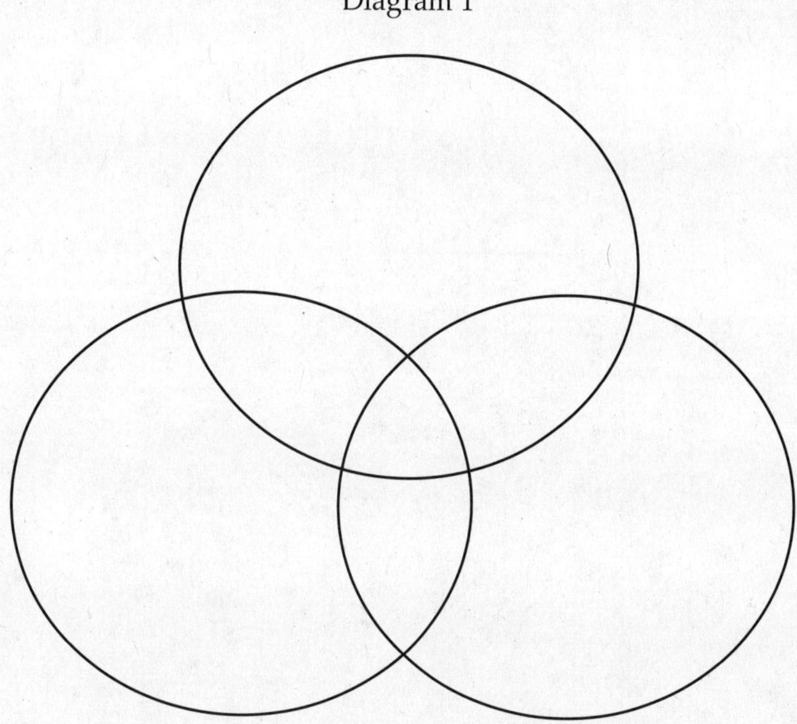

Nombre ______________________ Fecha ______________________

Diagram 2

Las Meninas de Goya	*Las Meninas* de Picasso	*Las Meninas* de Velázquez

Nombre ______________________ Fecha ______________________

CAPÍTULO 7

Arte y literatura

Vocabulario 1

Actividad A Listen and repeat.

Actividad B Listen and choose.

	correcta	incorrecta
1.	☐	☐
2.	☐	☐
3.	☐	☐
4.	☐	☐
5.	☐	☐
6.	☐	☐

Actividad C Listen and choose.

	pintor	escultor
1.	☐	☐
2.	☐	☐
3.	☐	☐
4.	☐	☐
5.	☐	☐

Actividad D Listen and choose.

	sí	no
1.	☐	☐
2.	☐	☐
3.	☐	☐
4.	☐	☐
5.	☐	☐
6.	☐	☐

Vocabulario 2

Actividad E Listen and repeat.

Actividad F Listen and answer.

Actividad G Listen and choose.

1. a b c

2. a b c

3. a b c

4. a b c

5. a b c

6. a b c

Nombre ______________________ Fecha ______________________

Gramática

Actividad A Listen, look, and speak.

1. ellos / no / venir
2. tú / hablar / así
3. él / no / llegar
4. tú / terminar

Actividad B Listen and answer.

Actividad C Listen, look, and speak.

1. ellos / no / venir
2. tú / hablar / así
3. él / no / llegar
4. tú / terminar
5. ser / posible
6. nosotros / tener éxito

Actividad D Listen, look, and speak.

1. yo / tener tiempo
2. no costar demasiado
3. ellos / venir

Actividad E Listen, look, and speak.

1. yo / verlos
2. tú / decírmelo
3. ellos / ir

Actividad F Listen and speak.

Actividad G Listen and speak.

Actividad H Listen and answer.

Nombre ______________________ Fecha ______________________

Conversación

Actividad A Listen.

Actividad B Listen and choose.

	sí	no
1.	☐	☐
2.	☐	☐
3.	☐	☐
4.	☐	☐
5.	☐	☐
6.	☐	☐

Nombre ______________________ Fecha ______________________

Lectura cultural

Actividad A **Listen.**

Actividad B **Listen and choose.**

el precepto

muralla

la realidad

reinaban

el estado

intentaban

rotos

la dictadura

Actividad C **Listen and draw.**

Actividad D **Listen and repeat.**

Integración

¡A escuchar más!

Actividad A Listen.

Actividad B Listen, look, and write.

what the professor considers the special gifts of this poet

____

____

____

information about the death of García Lorca

____

____

the name of at least two of García Lorca's works mentioned by the author

____

____

____

____

Repaso cumulativo

Actividad A Listen and choose.

	buenos modales	malos modales
1.	☐	☐
2.	☐	☐
3.	☐	☐
4.	☐	☐
5.	☐	☐

CAPÍTULO

8

Latinos en Estados Unidos

Nombre ______________________ Fecha ______________________

Latinos en Estados Unidos

Vocabulario

A Escoge la palabra apropiada del banco de palabras. Se puede usar una palabra más de una vez.

titulares	**publicidad**	**emisoras**	**medios de comunicación**	**de bolsillo**
revistas	**periódicos**	**biblioteca**	**periodistas**	**ancla**

1. Hay muchas ______________________ de televisión que emiten todos tipos de programas.
2. El ______________________ que da las noticias en el canal cinco es muy popular.
3. Se venden ______________________ y ______________________ en el quiosco.
4. Los periódicos llevan ______________________ para introducir muchos artículos. A veces los ______________________ están en letras mayúsculas.
5. Los ______________________ escriben para un periódico.
6. Se venden los libros ______________________ en una librería.
7. La ______________________ es un aspecto importante del marketing. La ______________________ introduce nuevos productos al mercado con el intento de convencerle al público de comprarlos.
8. La televisión y la prensa son ______________________.

B Da la palabra cuya definición sigue.

1. una empresa dedicada a la televisión o la radiofusión ______________________
2. el que da o anuncia las noticias en un canal de televisión ______________________
3. dos cosas que se venden en un quiosco o en una librería ______________________
4. lo que son la radio, la televisión, la prensa ______________________
5. divulgación de anuncios comerciales para atraer a posibles compradores o usuarios de un servicio o bien (producto) ______________________

Nombre ________________ Fecha ________________

C Completa con una palabra apropiada.

1. ¿Por qué no le das una ________________ al artículo antes de leerlo?
2. Los ________________ luchan durante una ________________.
3. La gente ________________ tiene bastante dinero.
4. Le han ________________ el Premio al ancla.

D Da una palabra relacionada.

1. emitir ________________
2. el periódico ________________
3. el público ________________
4. la inversión ________________
5. cómodo ________________
6. ojear ________________

E Usa cada expresión en una frase original.

1. lograr
____
2. apoderarse de
____
3. tomar en cuenta
____
4. darse cuenta de
____

Nombre ______________________ Fecha ______________________

Gramática

El subjuntivo con **aunque**

A Completa. Nota que la información en la primera frase es absoluta y definida.

1. Está lloviendo pero no importa. Ellos van a salir aunque ______________.
2. Él está muy enfermo; su condición es grave. Todos sabemos que él se va a mejorar aunque ______________ muy enfermo.
3. Hace mucho frío. Vamos a esquiar aunque ______________ mucho frío.
4. Yo sé que él no tiene bastante dinero. No importa; él va a hacer el viaje aunque no ______________ bastante dinero.
5. No hay mucho tráfico. Ellos van a llegar tarde aunque no ______________ mucho tráfico.
6. Ellos saben lo que va a pasar. Ellos lo van a hacer aunque ______________ lo que va a pasar.

B Completa basada en la información en la primera frase.

1. Está pronosticando que va a llover pero no importa. Ellos van a salir aunque ______________.
2. Él está muy enfermo pero no sabemos si su condición es grave. Todos esperamos que él se mejore aunque su condición ______________ muy grave.
3. Es posible que haga mucho frío mañana. Vamos a esquiar aunque ______________ mucho frío.
4. Él nunca tiene mucho dinero. Pero yo lo conozco y va a hacer el viaje aunque no ______________ bastante dinero.
5. He oído que no hay mucho tráfico pero no importa si hay o no. Ellos van a llegar tarde aunque no ______________ mucho tráfico.
6. Ellos no tienen ninguna idea de lo que va a pasar. Pero no importa. Ellos lo van a hacer aunque no ______________ lo que va a pasar.

C Escribe cinco frases originales con **aunque.**

1. ____
2. ____
3. ____
4. ____
5. ____

Nombre ______________________________ Fecha ______________________________

Gramática

El subjuntivo con -quiera

A Completa con el verbo **ser.**

No importa quienquiera que __________, comoquiera que __________, cuandoquiera que __________ ni dondequiera que __________; no puede tener éxito con sus planes actuales.

B Completa con el verbo indicado.

1. Adondequiera que tú ____________________ estarás contento. (ir)
2. Cuandoquiera que ellos ____________________ estaremos aquí. (venir)
3. Cualquiera que ____________________ la razón del problema lo tienen que resolver. (ser)
4. Quienquiera que te ____________________ tal cosa no sabe de lo que está hablando. (decir)
5. Comoquiera que (ellos) lo ____________________ de resolver, seguirá el conflicto. (tratar)

Nombre ______________________ Fecha ______________________

Gramática

Usos especiales del artículo definido

A Completa con el artículo definido cuando necesario.

1. ____________ leche y ____________ legumbres son una parte importante de una buena dieta.
2. ____________ televisión sigue siendo un medio de comunicación importante.
3. ____________ antropología es el estudio de la antigüedad.
4. ____________ biología y ____________ química son ciencias.
5. ____________ álgebra y ____________ geometría son matemáticas.
6. No hay nada como ____________ amor maternal.
7. ____________ señora Ureña es periodista.

B Contesta.

1. ¿Cuáles son los días de la semana?

____

____

2. ¿Cuál es el primer día de la semana?

____

3. ¿Qué días trabajas o tienes clases?

____

4. ¿Qué vas a hacer el viernes?

____

5. ¿Cuál es tu estación favorita?

____

6. Necesito un kilo de tomates. ¿A cuánto están los tomates hoy?

____

7. Quiero una docena de huevos. ¿A cuánto están los huevos?

____

Nombre ______________________ Fecha ______________________

Gramática

Uso especial del artículo indefinido

A Completa con un artículo definido o indefinido cuando necesario.

—Buenos días, ______ (1) Señora García.

—Buenos días, ______ (2) Señor Romano.

—¿Está ______ (3) licenciado Mariscal por favor?

—No, no está. Volverá ______ (4) jueves.

—¿Dónde está?

—Está en Madrid. Está trabajando con ______ (5) abogado Burgos. Es ______ (6) abogado muy conocido y ______ (7) licenciado Mariscal está negociando un contracto con él. Lo tienen que tener firmado para ______ (8) jueves.

Nombre ______________________ Fecha ______________________

Tarea

Introduction You have been chosen to work as a summer intern at a Community Service Center in a major United States city. One of your assignments is to develop a Spanish language guide for visitors and new community members that highlights cultural and entertainment opportunities in the city.

Task Design and write a Spanish language brochure with a map that details the various locations of interest in the community where you will be interning.

How

- Choose the city in which your internship will take place. Research the community to learn about cultural and entertainment opportunities it offers.
- Find or create a map of this community and identify locations of interest. Include at least six locations in your brochure.
- Write brief descriptions of these locations to be used in the guide, including entrance fees, distance from other locations of interest, proximity to medical facilities, etc.
- Create your brochure, including a map and descriptions of all of your researched locations

Nombre ____________________ Fecha ____________________

Latinos en Estados Unidos

Vocabulario

Actividad A Listen and repeat.

Actividad B Listen.

Actividad C Listen and choose.

	sí	no
1.	☐	☐
2.	☐	☐
3.	☐	☐
4.	☐	☐
5.	☐	☐

Actividad D Listen and choose.

	sí	no
1.	☐	☐
2.	☐	☐
3.	☐	☐
4.	☐	☐

Actividad E Listen and choose.

	sí	no
1.	☐	☐
2.	☐	☐
3.	☐	☐
4.	☐	☐
5.	☐	☐
6.	☐	☐
7.	☐	☐
8.	☐	☐
9.	☐	☐
10.	☐	☐

Nombre ____________________ Fecha ____________________

Gramática

Actividad A Listen and choose.

	cierto	posible
1.	☐	☐
2.	☐	☐
3.	☐	☐
4.	☐	☐
5.	☐	☐

Actividad B Listen and answer.

Actividad C Listen and answer.

Actividad D Listen and answer.

Actividad E Look and speak.

1. señora Gómez
2. señorita Torres
3. licenciado Centeno
4. señor Ríos

Actividad F Look and speak.

1. señor López / poeta
2. doctor Valdés / médico
3. señorita Molina / artista
4. señora Castro / bióloga

Nombre ________________ Fecha ________________

Conversación

Actividad A Listen.

Actividad B Listen and choose.

	sí	no
1.	☐	☐
2.	☐	☐
3.	☐	☐
4.	☐	☐
5.	☐	☐
6.	☐	☐
7.	☐	☐

Nombre ______________________ Fecha ______________________

Lectura cultural

Actividad A Listen.

Actividad B Listen and write.

1. ¿Cuándo llegaron a Estados Unidos los españoles? ¿Por qué vinieron?

2. ¿Dónde nacieron muchos mexicanoamericanos?

3. ¿Cuándo vinieron muchos inmigrantes mexicanos a Estados Unidos?

4. Los cubanoamericanos vinieron en dos épocas diferentes. ¿Cuáles? Y, ¿por qué vinieron?

5. In English, explain the relationship between Puerto Rico and the United States and how it came to be.

Literatura

Actividad A Listen.

Nombre ______________________ Fecha ______________________

Integración

¡A escuchar más!

Actividad A Listen.

Actividad B Listen and write.

1. ¿Qué género de música era menos reconocido entre la comunidad latina?
   a. la salsa
   b. el jazz latino
   c. el tambor
2. ¿Qué aprendió a tocar el joven Rafael en Nueva York?
   a. la conga y el bongó
   b. la guitarra
   c. la marimba y el contrabajo
3. Explica en inglés lo que pasó tocando estos instrumentos y por qué.

   ____

   ____
4. Explica en español por qué decidió volver a Puerto Rico.

   ____

   ____
5. ¿Qué hizo en Puerto Rico?

   ____

   ____
6. Explica en español las oportunidades que Rafael tuvo cuando regresó a Puerto Rico.

   ____

   ____
7. Contesta en inglés. ¿Qué está haciendo Rafael hoy día?

   ____

   ____

8. Explica en español lo que hay cada año en honor de Rafael.

____

____

9. Según lo que oíste compara la vida de Rafael en Nueva York y en Puerto Rico.

____

____

Repaso cumulativo

Actividad A Listen and choose.

	pasado	presente	futuro
1.	☐	☐	☐
2.	☐	☐	☐
3.	☐	☐	☐
4.	☐	☐	☐
5.	☐	☐	☐
6.	☐	☐	☐
7.	☐	☐	☐
8.	☐	☐	☐
9.	☐	☐	☐
10.	☐	☐	☐

CAPÍTULO

9

Historia de la comida latina

Nombre ______________________ Fecha ______________________

CAPÍTULO 9

Historia de la comida latina

Vocabulario

A Completa cada palabra con la letra que falta para deletrearla bien.

1. la ____ana____oria
2. la man____ana
3. la ma____orca de maí____
4. la u____a
5. la ____id
6. el ____uerto
7. la ____oja
8. la ____arina
9. las ____ortalizas
10. el repo____o
11. el pan ra____ado
12. la o____a
13. re____ono
14. el picadi____o
15. la beren____ena
16. la roda____a

B Identifica.

1. un vegetal de color de naranja ______________________
2. tres legumbres verdes ______________________
____
3. un vegetal que viene en muchos colores ______________________
4. otra palabra para «vainitas» ______________________
5. una fruta de color violeta ______________________

C Completa.

1. Se puede cortar las berenjenas en ______________________.
2. Se puede elaborar (hacer) el pan de ______________________.
3. La lechuga tiene muchas ______________________.
4. La ______________________ o el repollo tiene ______________________ también.
5. El ______________________ y el ______________________ son dos especias.
6. Los ______________________ son los que comen juntos.
7. Se fríen cosas en ______________________.
8. Se hierven cosas en ______________________.
9. El ______________________ elabora sus platos en la cocina.
10. Se puede rellenar muchas cosas de carne ______________________.

D Parea el animal y la carne.

Nombre ______________________ Fecha ______________________

1.	_______ la oveja	a.	el cerdo
2.	_______ la vaca	b.	el cordero
3.	_______ el puerco	c.	la carne de res

E Escoge.

1. (Se rellenan, Se rebozan) las berenjenas y otras legumbres de carne picada.
2. (Se hierve, Se asa) el agua en una olla para cocinar los espaguetis.
3. (Se hierven, Se fríen) los muslos de pollo con aceite de oliva y ajo.
4. (Se hierven, Se asan) las chuletas de cordero en la parrilla o en la barbacoa.

F Contesta.

1. ¿Cuáles son tus legumbres favoritas?

2. ¿Cuáles son tus frutas favoritas?
____

3. ¿Cuáles son tus carnes favoritas?
____

4. ¿Cuáles son tus mariscos favoritos?
____

5. ¿Cuáles son tus dulces favoritos?
____

G Escribe una frase original con cada una de las expresiones.

1. la viña
____

2. el pan rallado y el huevo batido
____

3. rebozar
____

4. elaborar
____

5. rellenar
____

6. los comensales
____

Nombre ______________________ Fecha ______________________

Gramática

La voz pasiva

A Escoge.

1. (Se vende, Se venden) leche en la lechería.
2. (Se vende, Se venden) quesos en la lechería también.
3. (Se vende, Se venden) huevos en la lechería.
4. (Se vende, Se venden) cordero, carne de res y cerdo en la carnicería.
5. (Se vende, Se venden) legumbres en la verdulería.
6. (Se vende, Se venden) fruta en la frutería.

B Contesta.

1. ¿Dónde se asa el pollo?

   ____

2. ¿En qué se fríe el pollo?

   ____

3. ¿Se rellenan los pimientos de carne picada?

   ____

4. ¿Se rellenan también de queso?

   ____

5. ¿Es posible que se frían, se revuelvan y se hiervan los huevos?

   ____

6. ¿Se lavan bien las hojas de lechuga antes de usarlas?

   ____

7. ¿Se pelan los tomates?

   ____

8. ¿Se pica el ajo?

   ____

Nombre ______________________ **Fecha** ______________________

C Contesta.

1. ¿Dónde se usa mucho aceite?

2. ¿Dónde se come mucho pescado?

3. ¿Dónde se come mucho bife?

4. ¿Dónde se cría mucho ganado?

5. ¿Dónde se crecen las uvas?

D Escribe la frase en la voz pasiva según el modelo.

MODELO **El incendio destruyó la casa. →**
La casa fue destruida por el incendio.

1. Los árabes conquistaron España en 711.

2. Los franceses invadieron España en 1808.

3. Los españoles expulsaron a los judíos y a los moros en 1492.

4. Hernán Cortés conquistó a los aztecas.

5. Cristóbal Colón emprendió el viaje.

6. Los Reyes Católicos apoyaron a Colón.

Nombre ______________________ Fecha ______________________

E Escribe una pregunta y contéstala usando cada una de las expresiones.

1. se habla

____

____

2. se dice

____

____

3. se escriben

____

____

F Escribe a lo menos cuatro titulares usando la voz pasiva.

1. ____
2. ____
3. ____
4. ____

Nombre ____________________ Fecha ____________________

Gramática

Los pronombres relativos

A Escribe frases según el modelo.

MODELO **habla / el presidente →**
El que habla es el presidente.

1. sirven / los meseros
   ____
2. elabora la comida / el cocinero
   ____
3. comen / los comensales
   ____
4. se levanta / la dueña
   ____
5. trabaja en la caja / la dueña
   ____
6. salen ahora / los clientes
   ____

B Cambia cada verbo de la Actividad A al pretérito. Escribe las frases de nuevo haciendo todos los cambios necesarios.

1. ____________________
2. ____________________
3. ____________________
4. ____________________
5. ____________________
6. ____________________

Gramática

Expresiones de tiempo con **hace** y **hacía**

A Completa con **hace** o **hacía.**

1. ____________ mucho tiempo que él trabaja como cocinero.
2. ____________ mucho tiempo que tenían el mismo menú cuando decidieron cambiarlo.
3. La verdad es que ____________ años que tienen los mismos clientes.
4. ____________ muchos años que servían los mismos meseros pero ahora algunos se han retirado (jubilado).

B Contesta con algo que se conforma con tu vida.

1. Hace poco tiempo que ____________.
2. Hace unos dos años que ____________.
3. Hace a lo menos cinco años que ____________.
4. Hace mucho tiempo que ____________.

Integración

¡A leer más!

A Lee el siguiente artículo.

Unos platos ideales para el verano

Hay muchos que modifican los platos que les gustan comer en el verano. Y no hay mejor comida que una deliciosa ensalada para las temporadas de calor. Hay tantas variedades de ensaladas que es posible preparar una ensalada distinta cada día.

Durante el verano nuestros cuerpos se exponen a altas temperaturas y por eso nos piden alimentos que además de saciar el hambre sacian la sed. Las hortalizas que son base de las ensaladas tienen una alta proporción de agua que es beneficiosa para la hidratación. Los vegetales crudos son muy nutritivos y bajos en calorías. Si queremos que el verde predomine en nuestras ensaladas podemos usar lechuga, brócoli, berros, espinacas. Pero hay que recordar que las ensaladas no se preparan solo con vegetales. Si quieres un resultado bien sabroso debes añadir jamón y queso, frutas, aceitunas, tomates, nueces o mariscos.

El toque de sabor lo ponen los condimentos. El aliño es lo que le da un sabor especial a la ensalada. Un buen aliño puede llevar aceite de oliva, vinagre, vino, zumo de limón y unas pizcas de sal al gusto. Si te apetece puedes cubrir la ensalada de un queso rallado.

Hoy en día están gozando de bastante popularidad las ensaladas con un toque tropical que llevan frutas tropicales como la piña, el plátano, la guayaba y el mango entre otras.

Para hacer una ensalada deliciosa solo se necesita un poco de originalidad o creatividad. Y, ¡una ventaja más! No te olvides de que se recomiendan las ensaladas en muchos regímenes de adelgazamiento.

B Busca el equivalente en español.

1. to satiate ______________________
2. hydration ______________________
3. raw ______________________
4. nutritious ______________________
5. tropical touch ______________________
6. dressing ______________________
7. juice ______________________
8. a dash, pinch ______________________
9. grated cheese ______________________
10. thinning ______________________

C Explica lo que dice el artículo sobre la comida y la temperatura.

____

____

____

____

____

D Prepara una lista de ingredientes que se puede añadir a una ensalada.

____

____

____

____

____

E Parea las palabras emparentadas.

1. ______ delgado	a. toque
2. ______ sabor	b. enriquecer
3. ______ crear	c. adelgazamiento
4. ______ tocar	d. apetito
5. ______ rico	e. saborear
6. ______ apetece	f. creatividad

F Parea las palabras que tienen más o menos el mismo significado.

1. ______ temporada **a.** emplear
2. ______ distinto **b.** disfrutando
3. ______ usar **c.** agregar
4. ______ añadir **d.** época
5. ______ zumo **e.** dieta
6. ______ gozando **f.** diferente
7. ______ régimen **g.** jugo

Nombre ______________________ Fecha ______________________

Tarea

Introduction Below is a copy of the food guide pyramid. It represents the recommended food intake per day and serves as a guide that can help you eat a healthy diet. The pyramid calls for eating a variety of foods to get the nutrients you need and at the same time the right amount of calories to maintain a healthy weight. Of course, each community, ethnic group, culture, family, and individual eats differently but everyone should try to eat in a balanced and healthy manner.

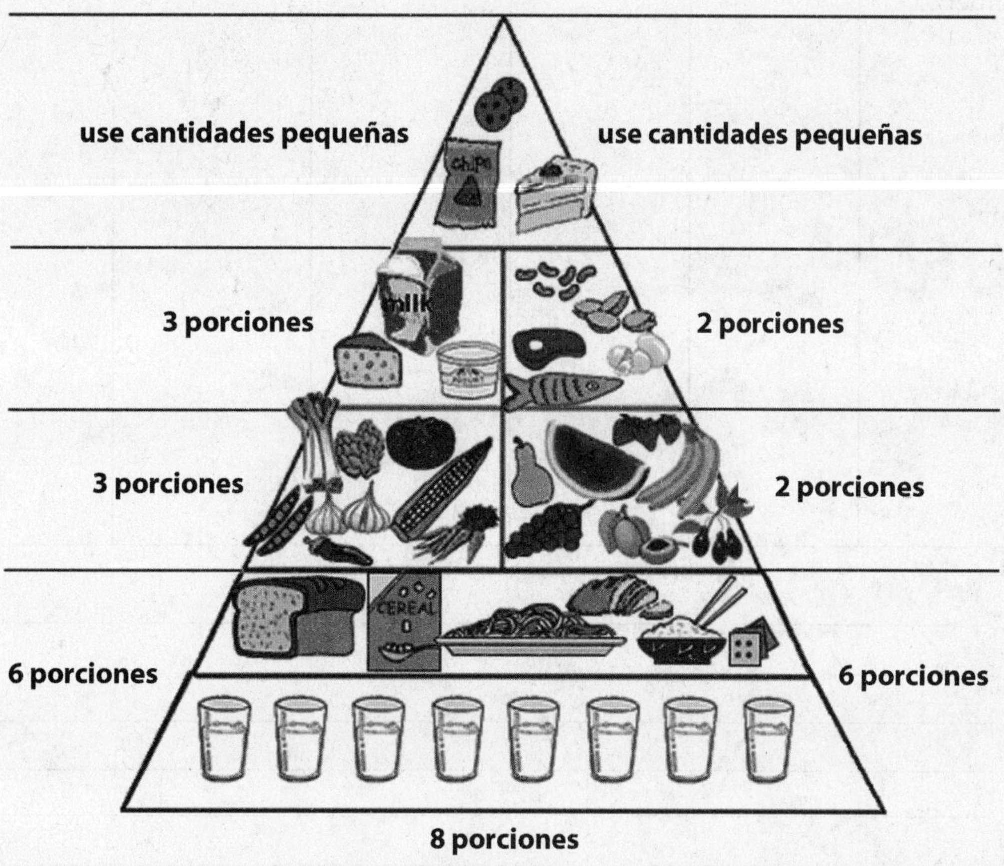

Task After keeping a list of the foods that you eat for five days, you will write an analysis of your diet and note some ways in which you could improve your eating habits.

How

- Keep a careful list of all the foods you eat for five days.
- Use the diagram below to chart the foods you eat.
- Compare your food intake with the recommended daily allowances indicated on the food pyramid.
- Make a list of ways to improve your eating habits, noting what you should eat more of and what you should eat less of.
- Write a short essay in which you summarize and analyze your diet.

Nombre ______________________ Fecha ______________________

Mi dieta	lunes	martes	miércoles	jueves	viernes
desayuno					
almuerzo					
cena					

Nombre ______________________ Fecha ______________________

Historia de la comida latina

Vocabulario

Actividad A Listen and repeat.

Actividad B Look, listen, and choose.

1. ______ a. la zanahoria
2. ______ b. el huerto
3. ______ c. la viña
4. ______ d. el pimiento
5. ______ e. la especia
6. ______ f. los comensales
7. ______ g. la lechuga
8. ______ h. el cordero

Actividad C Listen and choose.

	sí	no
1.	☐	☐
2.	☐	☐
3.	☐	☐
4.	☐	☐
5.	☐	☐
6.	☐	☐
7.	☐	☐
8.	☐	☐

Nombre ______________________ Fecha ______________________

Gramática

Actividad A Listen and answer.

Actividad B Listen and answer.

Actividad C Listen and choose.

	activa	pasiva
1.	☐	☐
2.	☐	☐
3.	☐	☐
4.	☐	☐
5.	☐	☐
6.	☐	☐

Actividad D Listen and speak.

Actividad E Listen and speak.

Actividad F Listen and answer.

Nombre ______________________ Fecha ______________________

Conversación

Actividad A Listen.

Actividad B Listen, look, and write.

1. el número de amigos que hablan
____
2. la ascendencia de Joe
____
3. lo que se usa mucho en la comida de la familia de Joe
____
4. la ascendencia de la familia de Teresa
____
5. lo que se usa mucho en la comida de la familia de Teresa
____
6. el origen de estas dos productos
____
7. algo interesante sobre las papas en las regiones andinas
____

Nombre ______________________ Fecha ______________________

Lectura cultural

Actividad A Listen.

Actividad B Listen, look, and write.

1. lo que es un taco de carne

____

____

2. la historia del tomate

____

____

____

3. el origen y la historia de la palabra «salario»

____

____

Nombre ______________________ Fecha ______________________

Repaso cumulativo

Actividad A Listen and choose.

	arte	literatura
1.	☐	☐
2.	☐	☐
3.	☐	☐
4.	☐	☐
5.	☐	☐
6.	☐	☐
7.	☐	☐
8.	☐	☐
9.	☐	☐
10.	☐	☐

CAPÍTULO

10

Carreras

Nombre ______________________ Fecha ______________________

Carreras

Vocabulario

A Pon las palabras en la categoría apropiada.

Para ejercer la mayoría de las profesiones es necesario tener un título universitario. Para ejercer un oficio es necesario tener una formación técnica.

	oficio	profesión
1. plomero	☐	☐
2. abogado	☐	☐
3. profesor	☐	☐
4. albañil	☐	☐
5. contable	☐	☐
6. carpintero	☐	☐
7. ingeniero	☐	☐
8. electricista	☐	☐

B Escoge.

1. El (abogado, licenciado) trabaja en las cortes.
2. El (alcalde, albañil) es político.
3. Los (funcionarios, comerciantes) trabajan para una empresa.
4. Los (funcionarios, comerciantes) trabajan para el gobierno.
5. El (electricista, plomero) repara la tubería que lleva agua.
6. El (albañil, carpintero) hace cosas de piedras, ladrillos, cemento, arena y otros materiales.
7. El (albañil, carpintero) hace cosas de madera.

C Completa con una palabra apropiada.

1. Los comerciantes se llaman también ______________________.
2. Los ______________________ en el periódico informan de puestos vacantes.
3. Los contables preparan ______________________ para individuos y para empresas.
4. Trabajar cuarenta horas por semana es trabajar ______________________.

5. Las grandes empresas tienen el servicio de ______________________________ donde entrevistan a los que están buscando un puesto con la empresa.
6. El ______________________________ diseña maquinaria y el ______________________________ diseña edificios.

D Da otra palabra

1. el fontanero ______________________________
2. los hombres de negocios ______________________________
3. de gobierno ______________________________
4. el departamento de personal ______________________________
5. una aplicación de empleo ______________________________
6. una profesión ______________________________
7. el candidato ______________________________

E Describe la diferencia.

1. un ingeniero y un arquitecto

____

2. un albañil y un carpintero

____

____

3. un oficio y una profesión

____

____

4. un electricista y un plomero

____

____

5. un político y un funcionario

____

____

6. trabajar a tiempo parcial o a tiempo completo

____

F Describe todo lo que tiene que hacer una persona en busca de trabajo.

____

____

____

____

____

G Usa cada palabra en una frase original.

1. comerciar
____
2. comercial
____
3. el/la comerciante
____
4. vender
____
5. la venta
____
6. el/la vendedor(a)
____

Nombre ____________________ Fecha ____________________

Gramática

Por y para

A Completa con **por** o **para.**

1. Ellos salen hoy ____________________ Medellín.
2. Yo no pude ir, así que Carlota fue ____________________ mí.
3. Ellos querían dar un paseo ____________________ el Retiro.
4. Yo compré los regalos ____________________ Luisa pero son ____________________ Teresa. Luisa se los va a dar.
5. Los niños corrieron ____________________ todas partes.
6. Estoy aquí ____________________ estudiar, no ____________________ divertirme.
7. ____________________ cubano, habla muy bien el inglés.
8. ¿Me puede decir cuándo sale el tren ____________________ Córdoba?
9. Si él no lo puede hacer, ¿lo puedes hacer ____________________ él?
10. Ellos estuvieron en las montañas ____________________ dos semanas, o sea, quince días.
11. ____________________ inglés, Keith habla muy bien el español.
12. Él me dio un euro ____________________ el dólar.
13. Ella quiere ir; yo también estoy ____________________ ir.
14. ____________________ un joven, viaja mucho.
15. Esta bolsa es ____________________ mi madre.
16. No tengo mucha confianza en el correo. ¿Por qué no lo mandamos ____________________ correo electrónico?
17. El héroe luchó y murió ____________________ su patria.
18. Ellos tienen que terminar el trabajo ____________________ la semana que viene.
19. Ellos estarán aquí ____________________ Navidad o Año Nuevo.
20. ____________________ el día veinte y cinco tienen que estar en Alemania.

Nombre ____________________ Fecha ____________________

B Escribe de nuevo con **por** o **para.**

1. Papá no podía asistir así que yo fui *en lugar de* él.

   ____

2. Los chicos están corriendo *en* la calle.

   ____

3. Voy a la tienda *en busca de* frutas y legumbres.

   ____

4. Mis padres lo pagaron *en vez de* mí.

   ____

5. Subimos el tren *con destino a* Balboa.

   ____

6. *A pesar de que es* rico, no es generoso.

   ____

7. La ciudad fue destruida *a causa de* la guerra.

   ____

8. Me gusta mucho viajar *en* Perú. Es un país muy interesante.

   ____

9. Estaremos en Barcelona *durante* siete días.

   ____

10. Este es el avión *con destino a* Santiago.

   ____

Nombre ______________________ Fecha ______________________

Gramática

El subjuntivo en cláusulas relativas

A Escoge.

1. No hay persona que (habla, hable) mejor que él.
2. Quiero un trabajo que me (interesa, interese).
3. Yo tengo mucha suerte. Estoy trabajando en un puesto que me (interesa, interese) mucho.
4. No hay nadie que (sabe, sepa) más que él.
5. Están buscando aspirantes que (dominen, dominan) el español.
6. Yo he entrevistado a muchos candidatos que (dominan, dominen) el español.

B Completa con la forma apropiada del verbo.

1. Necesitamos hacer algo que nos ______________________ bien. (pagar)
2. Josefina tiene un puesto que ______________________ muy interesante. (ser)
3. Yo conozco a una joven que ______________________ todos los requisitos necesarios para el puesto. (tener)
4. Quieren un empleo que les ______________________ tener a lo menos dos días libres a la semana. (permitir)

Nombre ______________________ Fecha ______________________

Integración

¡A leer más!

A Lee el siguiente anuncio.

EMPRESA DE SERVICIOS FINANCIEROS

contrará

Supervisores de ventas

Requisitos:

- Ambos sexos
- Bachiller en Administración de Empresas
- Vehículo en buen estado (indispensable)
- Experiencia mínima de cinco años en ventas, principalmente en venta de productos financieros
- Experiencia en supervisión de vendedores
- Conocimientos amplios de inglés
- Manejo de paquetes de cómputo
- Poseer buen trato y relaciones humanas
- Acostumbrado a trabajar por objetivos

Beneficios:

- Salario base
- Comisiones en dólares
- Capacitación local e internacional
- Paquete de beneficios adicionales

Interesados enviar resumen del currículum vitae al apartado postal 1029–2050, San Pedro. El apartado no pertence a la empresa.

B Contesta según la información en el anuncio.

1. ¿Es solo para hombres o para hombres y mujeres el puesto?

____

2. ¿Es necesario tener carro para este puesto?

____

3. ¿Cuántos años de experiencia exigen?

4. ¿Cuáles son algunos requisitos?

5. ¿Qué información deben mandar los candidatos?

C Indica como se expresan las siguientes ideas en el anuncio.

1. compañía de servicios financieros
2. señores y señoras
3. hay que saber el inglés
4. título universitario
5. es necesario tener carro
6. hay que saber comportarse bien con otros

D Busca la expresión equivalente en español.

1. extensive knowledge ______________________
2. base salary ______________________
3. handling of software ______________________
4. goal-oriented ______________________
5. good manners ______________________
6. additional benefits package ______________________
7. national and international training (qualifications) ______________________

E Busca todas las palabras aparentadas en el anuncio.

Nombre ____________________ Fecha ____________________

Tarea

Task You are going to do a job search on the Internet to identify job fields and specific jobs where foreign languages are required or desirable. You will find that there are many interesting positions where knowledge of a foreign language plays an important role. You will also discover many work opportunities for those who master a foreign language with or without a university degree. After doing your research, you will create an informative poster representing the position that most interests you.

How To find the information that you will need to complete this activity, you can use any job information Web site.

- Go to the Web site and look at its list of companies and job opportunities.
- Find a company that appeals to you and select it, bringing up a career page. Choose the careers in that company that interest you.
- Choose a specific job category and then choose a specific job from this list where knowledge of a foreign language is required or would be an advantage.
- Use the chart below or create your own diagram to organize your information.

SEARCH INFORMATION

1. Name of company	
2. E-mail address	
3. Description of company, including examples of its products or services	
4. Location of branches (inside and outside the U.S.)	
5. Location of the job you're interested in	
6. Skills required for the job	
7. Education requirements (degrees, years/type of schooling, etc.)	
8. Salary/benefits	
9. Why is knowledge of a foreign language required or an advantage?	

Nombre ______________________ Fecha ______________________

Create a poster for the job you have researched. Include the information from the chart. Use illustrations in addition to text to present your information. Use this page to make a rough draft of your poster.

Nombre ______________________ Fecha ______________________

Carreras

Vocabulario

Actividad A Listen and repeat.

Actividad B Listen and choose.

_____ los médicos	_____ los contables
_____ los arquitectos	_____ los funcionarios
_____ los comerciantes	_____ los farmacéuticos
_____ los carpinteros	_____ los alcaldes
_____ los ejecutivos	_____ los dentistas

Actividad C Listen and choose.

1. a b c
2. a b c
3. a b c
4. a b c
5. a b c
6. a b c

Actividad D Listen and choose.

1. a b
2. a b
3. a b
4. a b
5. a b
6. a b
7. a b
8. a b

Actividad E Listen and answer.

Actividad F Listen and answer.

Nombre ______________________ Fecha ______________________

Gramática

Actividad A Listen and answer.

Actividad B Listen and answer.

Actividad C Listen and speak.

Nombre ______________________ Fecha ______________________

Conversación

Actividad A Listen.

Actividad B Listen and choose.

	sí	no
1.	☐	☐
2.	☐	☐
3.	☐	☐
4.	☐	☐
5.	☐	☐
6.	☐	☐
7.	☐	☐
8.	☐	☐
9.	☐	☐

Nombre ______________________ Fecha ______________________

Lectura cultural

Actividad A Listen.

Actividad B Listen and choose.

	sí	no
1.	☐	☐
2.	☐	☐
3.	☐	☐
4.	☐	☐
5.	☐	☐

Nombre ______________________ Fecha ______________________

Integración

¡A escuchar más!

Actividad A **Listen.**

Actividad B **Listen and choose.**

	sí	no
1.	☐	☐
2.	☐	☐
3.	☐	☐
4.	☐	☐
5.	☐	☐
6.	☐	☐

Actividad C **Listen.**

Actividad D **Look, listen, and write.**

1. lo que es el mercado

____

____

2. ejemplos de un producto

____

3. ejemplos de un servicio

____

4. lo que es el marketing

____

____

5. unas responsabilidades del departamento de marketing

____

____

6. la diferencia entre lo que la gente *necesita* y lo que la gente *quiere*

____

____

Nombre ______________________ Fecha ______________________

Repaso cumulativo

Actividad A Listen and choose.

	en el pasado	en el presente	en el futuro
1.	☐	☐	☐
2.	☐	☐	☐
3.	☐	☐	☐
4.	☐	☐	☐
5.	☐	☐	☐
6.	☐	☐	☐
7.	☐	☐	☐
8.	☐	☐	☐